"Movimiento Lorca-Buesa"
Antología de poetas Hispanoamericanos.

QM Editorial

Reservados todos los derechos, Ninguna parte de esta obra, incluida la ilustración de la cubierta puede ser total o parcialmente reproducida, almacenada o distribuida en manera alguna, ni por ningún medio sin la autorización previa y por escrito del editor.

Copyright Movimiento Poético Mundial, 2017
Diseño de Portada:
Maquetación:

Primera Edición.
Octubre 2017.

ISBN: **978-1-943680-27-6**

QM Editorial
EIN: 46-2472728
Elkhorn WI – 53121
EE.UU
www.editorialqm.com
qmeditorial@gmail.com
jqaamerica2012@gmail.com

Sinopsis.

"Tengo el enorme agrado de presentar esta Antología Poética desde Lorca hasta Buesa, cuyos autores no solo son colegas, sino poetas y poetisas que durante toda una vida han compartido sus sentimientos y lealtades a un bien mayor, la comunicación entre escritores.

Si bien aprecio todo el trabajo realizado por este excelente grupo de escritores, considero importante confesar que perseguimos la posibilidad de crear un movimiento literario hispanoamericano capaz de ayudar a quienes por tener bajos recursos no pueden publicar sus propios libros.

A continuación, explicaré ¿por qué? Si bien sus trabajos se caracterizan por su realismo y brillante redacción, a esta obra se le suma un exquisito trabajo orto tipográfico, de edición y maquetación.

Esta es una obra que pueden disfrutar grandes y jóvenes, incluso una buena excusa para crear un vínculo entre poetas y escritores de todos los niveles. Confío que este libro pasará a ser un clásico en las bibliotecas de muchas familias y un buen material de relajación para el tiempo libre. Esto se debe a la riqueza en el plano artístico que nos ofrece este grupo de poetas y poetisas.

Agradezco el espacio para compartir con los lectores los sentimientos que me generó esta obra y felicitar a los autores, poetas, poetisas y editores por su excelente trabajo".

Jesús Quintana Aguilarte.
Escritor y poeta.

Agradecimientos.

Les agradecemos a todos los poetas y poetisas que enviaron sus temas para que se hiciera realidad este sueño de todos, es muy importante que el movimiento literario hispanoamericano conforme un grupo de fuerzas que sea capaz de ayudarse entre ellos mismos.

Cuantos poetas no han deseado publicar sus trabajos y por la falta de recursos no han podido, cuantas letras se pierden anualmente en el anonimato y cuantos grupos realmente buscan lucrar con el esfuerzo ajeno.

Si unimos nuestros esfuerzos podremos resolver estas cuestiones en beneficio del bien común.

Gracias.

Adán Maimae Herrera
Escritor y poeta.
Nacido en Castro Chiloé y radicado en Punta Arenas Chile hace cuarenta y dos años.

Comenzó a escribir sus primeras letras cuando tenía nueve años en su tierra natal, escribía en su colegio en horas de clase o si no en el campo, cuando se iba de vacaciones. sus letras están enmarcadas en busca de una justicia social y una paz mundial, donde los intereses económicos pisotean cualquier camino que lleve a la paz y arroje un inventario positivo de razones para que este mundo en que nos ha tocado vivir, sea un lugar donde valga la pena hacerlo.

Hoy prima cualquier interés económico por encima de la paz, el hambre y la preservación de la naturaleza. Así fabricamos armas para que no haya paz, pero si con la guerra ganemos dinero.

Buscamos mejorar la productividad industrial, aunque con ello no respetemos el medio ambiente y la naturaleza, que nos da vida. Se amasan fortunas dejando que más de medio mundo se muera de hambre, enfermedades y miseria, y un largo etcétera de barbaridades que proyectan un mundo en decadencia, herencia que hemos de dejar para las nuevas generaciones.

Tiene editado tres libros, Una antología "Amantes de las letras", "Nostalgia un canto al amor" y el ultimo un "Poemario en el Umbral de mis Versos". Tiene escrito un libro el cual se está revisando para ser publicado a fines de año "El Manifiesto de un loco". Y actualmente está terminando una novela, "De la tierra al infierno"

Ángeles que ya partieron

Tarde siempre ha sido tarde
amaneciste temprano,
pero nunca escuchaste la voz de tus padres
solo el abrazo fraterno de un hermano.

Tal vez no llegues nunca a conocerlo
vivías mejor en las calles,
eras libre te alimentabas de las bondades
ser fuerte, soñaba para cuando seas grandes.

Hasta que alguien te saco del camino
para darte un futuro mejor,
y mira cómo te han devuelto
solo, con el semblante triste y en un cajón.

Niño de sonrisa alegre
cuantos sueños en los pensamientos
cuantas lágrimas derramadas
en los hogares del gobierno.

Hoy tu alma vuela, como una golondrina
no hiciste verano en la tierra,
los políticos jugando con los sueños
sin importarle que los niños se mueran.

Este dolor que hoy aprieta mi pecho
que me lleva a parir maldiciones,
deambulo en mis pensamientos
recorro calles y poblaciones.

Unos ángeles murmuran a mis oídos
me dicen que no están tristes,
porque nunca se han ido,
porque están en el pueblo, en los campos,
en las sonrisas de otros niños.

Ángeles que ya partieron
y en jazmín se convirtieron,
yo los vi pasar, en la cola de un cometa
iban rumbo hacia el cielo.

Ellos protegerán a los niños
que quedan en la tierra,
a esos niños que quitan de sus casas
o aquellos que aún se encuentran en medio de una guerra.

Sueño Obrero

¡Ay alma mía!
Que lejos está el camino,
y que cerca siento tu boca
los pájaros pasan en bandada
pero mis labios aun no te tocan.

El vino se derrama sobre la arena
este amanecer que sufre
y se convierte en poema.
me hiere y me atrapa
en el humo de la hoguera.

¡Ay alma mía!
Como te hiere la soledad humana,
cómo se esfuman los sueños,
en el dintel de mi ventana.

Hay voces que hoy reclaman
haciendo surco en la tierra,
por donde se posará tu boca
con tu cantar de madre obrera.

¡Ay alma mía!
Como cristal en las avenidas
vas desgranando tu pena,
poblado de sueño obrero
mi corazón va rompiendo cadena.

La vida se pierde en mis pupilas
mis manos se duermen entre tu vientre
y en mis sueños te agasajo compañera.

Mas hoy nada tengo,
de lo que tenía ya nada queda,
solo el humo de la hoguera
y el pensar de tu boca
que se fue perdiendo como una estrella.

Hoy tengo Pena

Hoy descansa mi alma y lloro,
la luz se va apagando silenciosamente
una suave brisa recorre mi cuerpo,
hoy la luna rompe el umbral de la tarde
se estrella en mis pensamientos.

Hoy quiero mirar tu boca
aquella que muere en este último adiós,
las raíces se levantan de la tierra
y abrazan esta pena que hoy me apena,
cómo se apaga el fuego de mis ojos
como si amar fuera una condena.

Hoy miro el mar y veo la muerte,
un silencio calma el viento, que se clava en mi ser,
las olas van agrietando mi alma
que duelen más que la espada de tus ojos
que se clavaron en mí, hoy por la mañana.

No sé, cómo vivo aun
en este reino que se asemeja al cielo,
como recorrer los páramos del sentimiento
como apagar las penas compañero
si aún vivo, siento que estoy muerto.

Hoy tengo pena,
una pena que se arrastra como cual cadena
que me lleva a volar sobre la sangre,
que cada día se va vistiendo nuestra tierra,
le he robado tiempo a la vida,
o tal vez la vida me ha dado tiempo

para sufrir lo que otros están sufriendo
y me llegan oscuros recuerdos
que me afijen el pensamiento,
hoy tengo una pena,
una pena que daría la vida
por un poco de tu alegría.

No tengo tiempo

No tengo tiempo
no sé si veré pasar las golondrinas
el próximo verano,
No tengo tiempo
Y me angustia el saber
que mis ojos no podrán verte
que mis voces no llegaran a tus oídos
no tengo tiempo.

Se me alborotan los días
las hojas del calendario
pasan raudamente
quiero hacerme eterno en tu alma
que este tiempo que me queda
no se gaste en palabras.
no tengo tiempo
quiero sellar tu voz y tu cuerpo
en la retina de esta mirada,
como he grabado el gorjeo de las aves
y el chasquido de la lluvia, sobre mi cara.

No tengo tiempo
son muy tristes los días
las penas me condenan a diario
vago entre la oscuridad y las tinieblas
y no sé cómo vivo aun, en este alud de víboras
no tengo tiempo,
y hoy quisiera matar esta tristeza
que como pájaro herido
no puedo levantar el vuelo
no tengo tiempo

no sé si volveré a caminar el invierno
y voy asesinando los días
con el puñal de mis ojos.

No tengo tiempo
y te miro, en el portal de una estrella,
mi alma descarga su llanto
sobre las hojas del frio otoño
arrastro el sufrimiento de muchos sufrimientos
y este corazón que hoy llora en el rincón de la luna
donde te miro venir compañero
desprendido como una hoja seca desde el cielo.
Fría soledad emerge en el invierno
y tu aun tan lejos, que no puedo más con esta pena
libertad le han robado a mi pueblo,
no tengo tiempo
y me destrozo las manos
en el complejo de mi desesperación
se me quema el vientre y la boca
bajo la sensitiva mirada del sol.

No tengo tiempo
luciérnagas se agrupan en mi mente
testimonio fiel de esta locura mía,
 corazón que ha de callar
en un triste sollozo de humanidad.
no tengo tiempo
hoy mi alma en tiniebla
por caminos dolido vagara.
Como poder ganarle a la vida
Si hay muchos que viven luchando
para no perder su dignidad.

Ana Giner Clemente

Escritora y poetisa.
Nació un 8 de octubre de 1962,
en Algemesí (Valencia).-España

Ya desde la niñez quería ser artista y así se lo comunicó a su madre que se lo quitó de la cabeza inmediatamente. Cuando contaba con 12 años ya se vislumbraba un futuro literario, sin que nadie, ni tan siquiera ella misma fuera consciente de ello. Muchos poemas que nunca verán la luz, puesto que son como bien dice la escritora, poemas de adolescente para no ser leídos, se dieron a conocer en su primer libro. En ellos se le apreciaría un carisma soñador, aventurero, libertario e independiente. Siempre con un papel y lápiz en mano, iba anotando todo cuanto se le antojaba para transformarlo en poemas o en sublimes historias. Poco tardó en darse cuenta a lo que quería dedicarse de mayor. Pero la vida manda ante los deseos de uno mismo y su vida se desvió por otros caminos que nada tenían que ver con su amada literatura.

Espejismo

Cuando la verdad es disfrazada de mentira,
cuando los perdones, y disculpas se tornan
habituales en el día a día.

Cuando te prometen lo que no te pueden dar,
cuando lo que dan es mancillado por reproches,
cuando el cariño se usa como moneda de cambio.

Cuando permites que te lleguen al corazón
y lo pisotean, cuando ya crees que todo va bien
y solo es un espejismo de lo que quieres creer.

Cuando te aseguran que han cambiado
y sabes por experiencia, que nadie cambia,
cuando todo lo que te dan, está construido
encima de la desilusión y melancolía.

Cuando te juran y perjuran
que eres imprescindible en sus vidas.

Cuando intentan cambiarte,
porque les gustaría ser como tú y
sienten que se les ha escapado la vida
de entre sus manos.

Cuando tú, le juras y perjuras que le quieres y
no te cree, porque le gusta revolcarse en sus
banales mierdas de recuerdos pasados.

Cuando le dices que, sin ilusiones y alegrías,
la vida no es vida y no escucha tus palabras,
porque se regocija lamiendo sus heridas.

Entonces, si te ves reflejada en estas palabras,
sal huyendo, aunque te regalen castillos y te cubran de oro,
porque tan solo estás siendo víctima de un espejismo,
de lo que sólo tú quieres creer.

Crisol

Es tu cuerpo, tu piel, tu boca,
cálido crisol, donde se funden
la ternura, la dulzura,
para alearse con la pasión,
en la lujuria, el placer de amarte
y sentirte morir en mis brazos
lentamente, en el crisol incandescente.

A ti Mujer

A ti mujer que das sin esperar
nada a cambio, dejando de lado
tu hermosa figura, olvidando las
cicatrices que sufrirás para ofrecer
con ilusión tu vientre a la vida.

A ti mujer que amamantas
de tus pechos alimento, y
entregas miles de caricias sin
esperar nada a cambio.

Sí. A ti mujer, que proteges a tus retoños
con uñas y dientes si están en peligro y
fuese necesario.

A ti mujer, que te das a los tuyos
en cuerpo y alma, aun sabiendo
que no existe gratitud humana
para ti en este mundo.

A ti mujer que te levantas sonriente y feliz
cada día, luchando ante toda adversidad,
trabajando de sol a sol para que a tu familia
nada le falte.

Sí. Sí. A ti mujer que con un beso de tu esposo
y un "mamá, te quiero", te sientes la mujer
más dichosa, dando por recompensados
tantos sacrificios y esfuerzos.

Inocentes

Y cavaré en la tierra, aunque sangren
mis manos, para encontrar simiente.

Hastiados de tantas guerras por defender
su patria y olvidados como apestados
sin honores por sus batallas.

Qué fácil es adiestrar a niños con armas,
para solucionar lo que, con palabras,
no supieron los hombres.

Yo no olvido
la cara de horror de ninguno
de ellos frente a la muerte.

Uno a uno, a fuego grabados, los llevo en mente
y maldigo una y mil veces
si cavando en la tierra del olvido
si no encuentro comida para los inocentes.

Ana María Mejuto

Nació en 1962
España

Soy una escritora y poetisa autodidacta, la poesía significa mucho para mí, porque expreso mis inquietudes y mi fantasía que plasmo con todo mi sentimiento.

Escribo por afición y me dejo llevar aislándome del mundo envolviéndome en cada historia que escribo.

En mi hacer tengo varios libros **"A Solas en mi Habitación"**, y **"Libero mi Alma al Viento"**, y una Antología Poética, que comparto con varios poetas de Universo poético.

Hoy deambulo con mi Soledad

Hoy deambulo sin saber a dónde voy
perdiéndome en la oscuridad de mis silencios,
donde la noche silenciosa atrapa mis pensamientos.
Y… necesito que mi mente descanse

De esta desazón envolvente,
que arrasa mi envoltura
y me lleva más allá de la locura.
El vacío me envuelve en estas noches tristes

Donde la sombra de la luna refleja mi soledad,
que deambula por las calles
buscando dentro de mis entrañas,
las desesperanzas perdidas.

Deseo ser la inventora de mis propios sueños,
y busco esa suave brisa vaporosa,
que atrape mis dulces fantasías
y dejarme transportar por mi mente soñadora.

Cuando llega la noche y la Luna se asoma

Cuando llega la noche y la luna se asoma
percibo el silencio que fluye dentro de mí,
sintiendo la calma que envuelve toda mi alma
me dejo llevar por mi pluma que desea hablar de ti.

Quiero confesarle a las estrellas y a la luna
que este amor es sincero,
que no tiene fisuras y se desliza
como las mareas que van y vienen y se agarran al océano

Reflejándose cada noche buscando la calma
que este amor transmite a este corazón enloquecido
que busca enredarse entre tus brazos.
Este fuego abrasador que arde por dentro

Porque necesita sentirte muy cerca de mí,
y percibo que, si tú no estás aquí me muero
sin saber por qué ni la razón de este sufrir.
Confiésate amor dime lo que sientes por mi

Sin mentiras ni engaños,
déjate llevar y déjame sentir latir ese corazón
que envuelve mi alma a este loco amor,
que solo hace soñarte y necesita,
estar presa entre tus brazos.

Mis ojos hablan de ti

Si tú supieras que mis ojos hablan de ti cada mañana
que mi cuerpo te recuerda
y busca tu piel para sentirse amada,
solo siento esa mirada clandestina
penetrante que me busca,
¡Y yo! Necesito tenerte aquí y ahora.

Mis labios buscan tus labios
a sabor a miel… ¡Y no están aquí!
Si, percibo el frio bajo las sabanas
que buscan el calor de tu cuerpo.

Sí, sí, me levanto cada mañana sin ganas
y miro por la ventana mirando a lo lejos,
el reflejo de tu sombra que me deslumbra.
Y no te veo llegar hacía mí y mis ojos,
se nublan y siente ese vacío que me envuelve el alma.

Me miras desde lejos y yo reclamo tu presencia
porque te extraño vida mía,
y necesito el calor de tu coraza
y sentir tu mirada penetrante cada mañana,
que me envuelve a la esencia de amar y ser amada.

Necesito huir de las sombras

Necesito huir de las sombras
que me persiguen cada noche,
atrapándome en las cadenas
de este silencio que me envuelve
en estas noches oscuras.

Bajo el resplandor de la luna
quisiera dejar hablar a mi corazón,
que no me faltaran las palabras para desojar el alma
y que mis lágrimas no se cuajen dentro de este caparazón,
que necesita liberarse al mundo.

En la noche me sumerjo
deseando perderme en el olvido,
y quisiera que el viento
borrase esta amargura que inunda mi ser.

Quisiera buscar el sol y que la brisa apaciguara
estas ansias mías que se revelan dentro de mí,
y dejar descansar estos pensamientos que me enturbian
y dejarme envolver de nuevas sensaciones a mi vida.

Anisoara Vleju,
Nacida en Crucea, Suceava
Rumania.

Biografía Literaria:

1.- Debut literario: Los argumentos de mi fe, el artículo publicado en la revista CANDELA de la Arquidiócesis de Suceava y Radauti (Rumania), en la edición de julio de 1999.

2.- Publicaciones en revistas: en CANDELA, Arquidiócesis de Suceava y Radauti (Rumania), de 2000 a 2005; en Palabras en colores, año I, número 1 / enero de 2012; en Palabras en colores, año I, número 2 / abril de 2012; El misterio de mi corazón (poesía), Virgen Madre (artículo) ETwinning en nuestra escuela (artículo) Acc (poesía), publicado en Palabras en colores, año II, N ° 3 / Febrero de 2013; en Palabras en colores, año II, N ° 4 / Abril de 2013; en NOMEN ARTIS - Más allá del silencio, no. 9/10 mayo de 2012; Isla del Oso, nr. 10 / octubre de 2012; en la Constelación de Diamantina, N ° 12 (28) / diciembre de 2012; en Mirror literario, en No.136/ abril de 2013, etc.

3. Volumen publicada: La teoría de la justicia social en el Antiguo Testamento, 2012; Recolección de pruebas y ejercicios de lengua rumana y la literatura, hasta ahora auxiliar de grado VI enseñanza, 2014; Ser de Luz,2015; Cohabitación totalmente en alma, 2015; Las palabras de la niñez, vol. I, 2013, Vol. II, 2014, vol. III, 2015.

Bosque

Ver colinas las sombras de la noche,
se rompen en cuencos vacíos,
ellos imitan la privación del sueño estrechamente.
¿Lloro? ¿Y la lluvia que pensaría?

Como una loca demencia yo corro
en la colina imaginario y sucio,
que mi pelo sería coger frenéticamente
de conchas arrancadas de los árboles se preguntan
o que mi mano se rompe el cuerpo, me desfiguran?

En este resumen quiero correr de los árboles
con las mariposas aferrados de las cejas,
con tierra unido a los tobillos,
mirar a los ojos de águilas
y taparme con una manta de hojas
en las profundidades del bosque de la eternidad.

Montaña un amplio sentido de la perfección
en el medio tiempo. Olor es el abeto, el sauce y la hierba.
Ha llegado el momento para conseguir mi porción de pasos,
es el momento de dar al mundo un abrazo ...
La santidad es la ropa usada por el bosque.

Infinito

Es ligero en el valle de los ciervos corriendo.
Cazadores toman sus seres justos salvaje
gritar para honrar el juego,
empujes de sus brazos sobre sus hombros, reinicie la persecución.

Un ciervo lleva sus cuernos lesionado el último vuelo,
resuena la vida el rugiente de animal,
pezuña de hierba cruda bajo los cascos.
La luz se apaga, las fibras de vidrio ocultar los llantos forestales
en ojos vivaces.

Pero aquí, el fuerte se estira sus brazos,
la vida abajo en el profundo raíz de hierba
para alimentar la semilla de la roca.
Hay espacio para crecer un jardín.
Mis palabras lluvia borrado que se alineaban en la pared.

Mariposas

Puntos adhieren a las paredes circundantes
líneas para derribar árboles están muertos debajo de las piedras
que los guardias disfrazados de muelles
acecho hasta el amanecer.

Luego se lanza cosas,
sus alas atrapan entre sí en un vicio
y volver a Dios,
señales de que la arcilla que lleva
y que algunos magos dibujaron
bonitas palabras sobre sus cuerpos.

Dios quita,
desatadas alas mojadas,
un ser corte
y vuelto a la arcilla.
Los niños fueron a otro tiempo,
Ellos son maduros desde hace algún tiempo.

Otro día

Otro día se cierne en la puerta de la montaña,
un día diferente, hora alto de interrupción, el sol brilla en mis colinas.
La puerta de la fuente esconde la clave en la hierba y piedras.
Árboles en roca sacudieron desigual
ramas fuertes rompen el corazón del otoño, la historia se repite.

Mi fe es todo, sin hojas delirante,
suspiros de cueva colgaba finales, gemidos a la puerta.
Al viajar solo por la vida,
me sale el suelo de mi tiempo,
reanudé las tazas de té de la mañana, mi bebé ha crecido.

A veces se quejan la canción de duelo se pierde en la hierba,
va poco a poco a las montañas.
Yo no tengo nada aquí
semillas de césped fue sacudida piedras secas,
a las profundidades de la tierra.

Mi nombre no es nada,
piedra sin agua mezclados nubes de humo,
no me atraer fría en el bosque corona
cuando llegue a la multa, formas perfectas de árboles.

Nadie no me llama, en vano me preparo mi voz en la oración.
¿Quién responderá y cuando,
sí en mi canción no ocurre un milagrón natural!?

Norberto Brom (Beto)

Nacido en Argentina
en el verano del 43.

    Radicado ya tiempo en mi rinconcito de la Galilea, en la milenaria Israel.

Gozo de la naturaleza, admirando sus regalos, cada mañana en mis tranquilas y saludables caminatas.

Comparto mis garabatos en distintos Blogs Literarios a lo largo de la Web.

Gusto viajar por el mundo, descubriendo nuevos lugares, conociendo su gente y disfrutando de sus paisajes.

A ti... poeta

El sentimiento de un poeta es factible palparlo, como el rocío en una flor.
La duda de un poeta nos posesiona a semejanza de una ola en la tempestad.

Cuando un poeta ama, del calor de sus versos emana pasión.
Si el poeta está triste, sus lágrimas humedecen los versos lastimosos.
La alegría del poeta envuelve como el sol a los pájaros en primavera.
El canto del poeta conmueve hasta las nubes solitarias.

Oh...poeta, continúa encantando la vida, pues poesía... eres tú.

Abismos

Las noches son eternas
cuando tú no estás a mi lado
tu ausencia estimula mis ansias
mi deseo de tu cuerpo arde de pasión

Reconozco mi debilidad
soy consciente, mis fuerzas me abandonan
helada sensación de vacío
llena por completo mi ser

Volvé, volvé te lo pido
mis palabras las entrego al viento
mis plegarias las recoge el duende nocturno
el mar de la oscuridad lo cubre todo

¿Dónde te escondes?
¿Cuál es tu paradero?
¿De quién es tu secreto?
Mi corazón te reclama
mi cuerpo te anhela.

Dos como una

Las dos rosas, la roja y la blanca,
se conocieron por casualidad.
La roja, irradiaba rayos enriquecedores de belleza.
La blanca, convertida en un capullo de algodón sublime.

Se miraron, observándose todos los detalles
La perfección de ambas era magistral
cada pétalo convergía en el doblez de su vecina
eran un todo, nada perturbaba aquella quietud.

El sol siguió con su costumbre diaria
el trayecto rutinario, el ciclo acostumbrado,
la luna recobró sus bríos comenzando su labor.
La roja y la blanca aún se observaban…

Fácil versus Difícil

No es fácil escribir te quiero, pero es más difícil decirlo.
Es muy fácil amar, pero muy difícil ser amado.
Resulta fácil recordar amores lejanos, pero muy difícil olvidarlos.
Es fácil aceptar compromisos, muy difícil llevarlos a cabo.

Romper relaciones no es fácil, pero reiniciarlas muy difícil.
Decir No, es fácil pronunciar, aceptar un Si, es más que difícil.
Sentimientos es fácil sentirlos, desprecios difíciles comprenderlos.
Es fácil ofrecer un beso, difícil rechazarlo.

Fácil es existir, vivir es muy difícil.

Silvio Daniel Gómez Sanchis

Nació un 15 de enero de 1956 en Artigas, Uruguay.

Es un escritor autodidacta que se define como un feliz adicto a los versos y la prosa.

Ha publicado poemas en varias antologías, y ha editado en solitario sus poemarios: " Destellos" y "Desde el alma" y en 2016 publicó su libro de cuentos "Despertar".

Ha prologado más de 40 libros en varios países del mundo y ha sido premiado múltiples veces en su país y en el extranjero.

El mañana muere ahora...

¿De qué sirve la fuente
sí está seca de agua fresca?
¿Cuál la utilidad de la vertiente
si ya no vierte como antes?

¿Dónde bebe el sediento
si el río vació su cauce
y es hoy, sólo piedras y olvido?

¿Qué come el hambriento
sino hay peces allí nadando
y se esfumó la fauna y la flora?

¿Cómo se vive el presente
si el ayer no es pasado
y el mañana muere ahora?...

Hoy te siento así

Te adivino amor en aquel árbol,
en sus ramas, en su tronco,
en sus raíces y en sus hojas verdes
y aún en su centro y en su savia...

Te adivino amor, en el misterio del pájaro
que vuela y desaparece tras la montaña,
(¿seguirá viviendo o será al ocultarse pájaro nada?)

Te siento viva en la esencia del aire
y en el agua fresca que llena el cántaro...

Te confirmo plena como colosal desmadre
del río que quiere ser mar, océano,
sin orillas que lo encuadren...

Mi pluma tiene límites

Cuando quiero escribir de ti
siento que mi pluma tiene límites,
es como si me ahogara en lo abstracto,
en la pretensión de describir lo indescriptible...

Cuando quiero escribir de ti
las palabras huyen y me regalan vacíos,
e incluso las metáforas que son mis aliadas
sin piedad alguna se esfuman
y son desiertos cuando antes eran ríos...

Cuando quiero escribir de ti
mis prosas son misteriosas brumas
que lo envuelven todo de gris y blanco...,
es que no existen los mágicos vocablos
que le hagan justicia a lo verdadero,
a lo distinto, a lo hermoso e inconmensurable...

Cuando quiero escribir de ti,
me rindo, me enojo, me entrego,
ante la imposibilidad de que mi pluma hable...

Mis libros mutan

Mis poesías mutan en esencia inútil, vana.
Abre cualquier página de mi libro "Desde el alma"
y ve como lloran y sangran mis letras locas, con inédita saña.

Mis poesías se ahogan en su propia tinta, en su íntima fuente,
no saben estar pacientes y solitarias a la intemperie,
necesitan del suelo y del cielo, pero no vuelan solas,
no tienen majestuosas alas ni compadecidos vientos...

Verifícalo, mira al azar una página de mi libro "Destellos"
y verás palabras que se abrazan, confundidas, atemorizadas,
mientras otras se acusan entre sí, y de tan necias, ni ante el peligro
se disculpan...

Mis libros son un hormiguero de letras dispersas que sufren del mal de ausencia...
Es que mis poesías nacieron presuntuosas, seguras de que serían vistas y aplaudidas,
y hoy, como mis libros duermen solos en los estantes de mi biblioteca
temo que mis versos se suiciden dejando otra vez las páginas blancas.

Lazara Nancy Díaz García

(Cubana, de la provincia de Matanzas, residente en New York. EE. UU)

Ha publicado los siguientes títulos:

Los poemarios: "Donde nace un poema nada debe morir" y "Mano a mano en versos".

Cuentos infantiles: "El pajarito cantor" y "Sueños de una abuela".

Ha obtenido premios en varios concursos de poesía.

Su poesía aparece en revistas dentro y fuera de su país de residencia.

También podemos encontrar sus poemas en más de 20 antologías de diferentes países.

Pertenece al movimiento de poetas del siglo XXI.

Mujer anónima

Muere una mujer oculta
en el marco de una foto.

Hablan sus ojos. Se ha roto
una lagrima. Sepulta
la mirada sin disculpa
de algún capricho que inmola
el sollozo de una ola
que se rompe en la mejilla,
mira al cielo, se arrodilla,
vuelve al marco, y sigue sola.

Vuelve al marco, y sigue sola
mira al cielo, se arrodilla,
¡que se rompe en la mejilla!
el sollozo de una ola
de algún capricho que inmola
la mirada sin disculpa
una lagrima sepulta.

Hablan sus ojos, se ha roto
en el marco de una foto,
muere una mujer oculta.

Rosa de agua.

Eres un verbo de ayer,
que entre mis pechos se fragua,
como una rosa de agua
que me viste de mujer.

Se encorva el atardecer
y resucita el verano,
suda el borde de un pantano
en los labios del pasillo,
...y un resplandor amarillo
se vuelve sol en mi mano.

Desde el pecho

Viaja una sombra en el techo,
suelta la ventana un broche,
traspasa el viento la noche
para despeinar mi lecho.

Salta un canto desde el pecho
¡de algún acorde precoz!
me va creciendo una voz
sobre la pared sin fondo
como un suspiro redondo
que me atraviesa veloz.

Agosto

¿Será que el tiempo se ha roto
desde agosto hasta la fecha,
que la luz ya no sospecha
que entre sus minutos floto?

¡No sé, pero a veces noto
que el pasado, es el presente!

No hay madurez en mi mente,
me vuelve niña la pluma,
y hago resta, en vez de suma
en un renglón de la frente.

Luis Gonzalo Machado Sánchez

Ecuador

Ecuatoriano, nacido en la bella ciudad de Riobamba cobijada por el blanco manto el coloso Chimborazo.

Maestro de Educación Media, hoy jubilado, soñador pletórico de una vida llena de felicidad, aspirante a poeta y juglar de la vida.

Entre misterios y el amor

Atado me tienes a tu vida ingrato corazón
esperando el día de absorber las caricias
mientras afligido voy perdiendo la razón
soñando despierto recibir de ti las noticias.

Para la pena que me agobia permanente
quisiera arrojarme en los brazos del mar.
Seguro que compadecida una ola siente
y puede llevarme a una playa donde anclar.

Tú no tienes la culpa del cruel sufrimiento
es el destino que me traslado a tus brazos.
Tampoco puedo decir que me arrepiento
no niego, anhelo no liberar nuestros lazos.

Se que me amas en silencio y con ternura
que anhelas depositar a mi boca tus labios
Cómo espero lograr la pasión de tu dulzura
y adorarte para siempre libre de agravios.

Incomprendido

Te llamo insistente con el sortilegio de los versos
Te busco desde el alba hasta el ocaso del invierno
Deseo entender ¿dónde te abandonaron mis besos?
Entonces tu silencio se transformó en un infierno.

Me embarco precoz cada día, en las nubes viajeras,
con la esperanza de vislumbrar tu armoniosa figura.
Nada me sirve, no te encuentro en jornadas enteras
Así, se traza un destino que va rumbo a la sepultura.

A la sazón puedo adivinar que te hallas muy lejana,
imposible que escuches los latidos de mi corazón
Me pregunto ¿Cómo llegar a la vera de tu ventana?
Si escuchas mis pesares alguna vez me darás la razón.

La felicidad ha sido efímera en los años de existencia
que lentamente se pierden en la nostalgia y quimeras
El pasaje de tu vida, anhelo sea de amor y providencia
mientras espero estoicamente las ilusiones primeras.

Mis pesares

Escondo mi nostalgia en cada poema
como los niños se ocultan en la arena
que mis versos no delaten mi amargura
y se pierdan en lo secreto de los mares.

Qué distante siento la casita de campo
donde bebiste de mis labios su pasión
juntos prometimos vivir para el futuro
y lástima que hoy son de otro corazón.

Dónde olvidar calles de nuestro andar
los ritos de amor a veladas con dulzura
tus lágrimas y las mías en la luz del día
un te quiero tras otro, y hoy desolación.

Me duele el alma al recordar la alegría
nadie es reo de los hechizos primorosos
que se han ido esfumando mansamente
dejando huellas de dolencia en la vida
y que ofrecí ofrendarte hasta la muerte.

Caminar

Dónde puedo hacer mí refugio
en qué lugar descargar el peso
de todos los dolores que cargo abatido
nadie entiende que la vida es muy dura.

En un viejo templo dejo mis lágrimas
mientras con pena elevó mis ojos al cielo
busco una respuesta y nadie me responde.
Así seguiré caminando con los recuerdos.

Pero de qué sirve existir de añoranzas
sí se esfuman cual nublados viajeros.
Ingrata vida que has cubierto de pesares
con pocas ilusiones cumplidas a medias.

Entonces hay que seguir de caminante
dejando las pisadas dibujadas en la arena.
Puede ser, que alguien las reconozca pronto
y venga a salvarme de la soledad y la pena.

Dolores Pereira

Nació en España -Galicia
El Ferrol (A Coruña)

Desde pequeña su pasión es la poesía

Ha participado en algunos concursos, habiendo recibido varios premios y distinciones. Tiene publicadas varias antologías y un libro "Voz de Silencios"

Es miembro de varias redes sociales donde participa cuando su escaso tiempo se lo permite.

Ahí es donde mejor se siente realizada y donde extiende sus alas para volar al paraíso de los sueños.

Eternamente vive

Fue su alma sensible, tacto… de mariposa
desprendiendo el perfume que mágico embrujaba
con sus letras de aroma y emoción virtuosa,
transmitiendo a la piel con su amor te habitaba.

Yo sé que se ha marchado al país donde el sueño
se junta con la estrella tocando el universo
y allí donde los Hados siempre pondrá el empeño
para colmar la pluma fundida con el verso.

Eternamente vive por siempre enamorado,
navegando en el tiempo, visitando a su Diosa…
y en las noches de luna cual fugaz beso alado
le rozará en su frente con pasión fervorosa.

Deja que salga la Luna

(Dedicado a Federico García Lorca)

Gitanillo granadino
que las musas de colores
pintaron con mil amores
tu pelo de negro brillo.

Va trotando su caballo,
por el césped con el brío
de un jinete que atrevido
va camino del martirio.

Son sus manos pinceladas
en el lienzo de la vida,
con la flor de la inocencia
que encadenó su alegría.

Y con su alforja tan llena
y su jaca valerosa
va hacia la sierra morena
donde la muerte lo acosa.

En el manto azul se alejan…
los astros besando al río
que van lavando las penas
de los mozos que se han ido.

Camino del olivar
 impregnados de rocío,
se oyen sus voces cantar…,
en los meses del estío.

Granada viste de luto
su cante jondo se apaga,
ya Federico ha dejado...
sus cenizas en la fragua.

¡Que la luna ya no sale!
Dejó el vestido de plata,
Y un manto cárdeno cubre,
desde cielo hasta la plaza!

Él... ha legado su pluma
y ha dejado en el tintero,
su musa ágil y ardiente
y un pergamino en el cielo.

¡Fue una cima de influencia
y popular dramaturgo,
con su arte y con las letras
en el teatro del mundo!

Las cuatro estaciones

Solsticios y Equinoccios
Primavera es la estación
que de aroma y poesía
nos colma con alegría
y destellos de ilusión.

Huele a nardo y a pasión
en su egregia travesía,
se viste de fantasía
dando al paisaje emoción.

Verano fiesta y clamor,
prende en la siega añoranza,
juventud, presta templanza
como da el primer amor.

Va acariciando el rumor
del solsticio…en su bonanza,
mostrando en la lontananza
todo su gran esplendor.

Otoño en ocre, se viste,
infunde sosiego y calma,
al llegar nos toca el alma
y al viento susurra triste.

¡Y si alguna vez oliste
la tierra cuando se inflama
y el amanecer te llama,
es que su fuerza persiste.

El invierno trae la nieve
Y aunque nos deje un lamento,
va germinando el sustento
en los prados cuando llueve.

Pinta con claro relieve
su mano…, el advenimiento
del más esperado evento,
que al ser humano le mueve.

Pasear por el Olimpo

Ven aquí amado mío
por los cordeles del tiempo,
que te hilvanan a mi historia,
de felices sentimientos.

Vente donde el sol se ponga,
y las nubes en silencio…,
reposan en las preguntas,
de profundos pensamientos.

Vente al pacer de la luna,
que allí cantan los jilgueros,
donde las bandas sonoras,
purifican los deseos…

Vente y no te detengas,
con tu carroza de fuego,
por el Olimpo me lleves,
a pasear con los sueños…

Gema Cepeda Grande.

Nace y reside en Tomelloso (Ciudad Real). España.

Desde muy pequeña empieza a leer y a la edad de ocho años compone sus primeras letras.

Hasta hace cinco años que decidió hacer públicas sus poesías en Facebook, nadie conocía su faceta de poeta.

"Escribo sólo y exclusivamente para mí", como terapia y desahogo a los vaivenes de mi alma –declara la autora.
Colaboró en radio en un programa semanal llamado: "Poemas y Miradas".

Próximamente publicará su primer poemario.

Algún día

Algún día te escribiré
un apasionado poema.

Mis palabras se perderán
entre las manchas de tinta
de un sobrio papel blanco.

Mis musas serán absorbidas
por una niebla de colores.
¿Sabes por qué?

Porqué ese día sin prisas
sin tinta, sin pluma
sin musas de testigos,
solos tú y yo
podré susurrarte en tu oído
lo mucho que te quiero.

Eterna enamorada

Con la tinta de tu alma
me escribiste una poesía
tan sensible, tan atrevida
que volcaste mi corazón.

Cabizbaja en ella me introduje
y decidí quedarme a vivir entre
sus versos aterciopelados
dictados con la dulzura de tu voz.

Entre sus rimas frescas regadas
con las gotas sigilosas del rocío mañanero.
Entre las alocadas letras silbando
mi nombre una y otra vez.

Al compás de los inciertos
movimientos de las sílabas
descubrí que tu tinta me dio alas.
Alas para volar alas para amar.

Me envolviste con tu poesía
y me convertí en tu
eterna enamorada.

Yo soy el motivo

¿No te has percatado?
Yo soy el motivo por el cual tus latidos cabalgan
desbocados por entre los raíles de tu alma.

Yo soy el motivo de que las aguas hiervan
en los mares fríos donde bañas tu mirada.

Yo soy el motivo que provoca que veas
la luna transparente y cuadrada
y la sientas en tu almohada
cuando comienzas a soñar.

Yo soy el motivo del temblor de tus labios
cuando pronuncias mi nombre.
Yo soy el motivo que cose parches
en tu desgarrado corazón.

Yo soy el motivo del vendaval de sentimientos que
inundan tus entrañas y la
adornan con guirnaldas de colores.
yo soy el motivo de que prendan
fuegos artificiales en tu pupila.

Yo soy el motivo, tú eres el motivo
de nuestros bailes en los atardeceres
 regados de amapolas sobre la línea del fiel horizonte
sustentados por el ápice de nuestros corazones.

Amor eterno

Una voz fantasmal desde el más allá
me despertó,
me entregó mi billete de vuelta
con delicadeza y respeto.

Una noche oscura y espectral
la muerte engalanada,
me vistió con su traje de gala,
me lleva de esta tierra,
a una tierra mejor ganada.

La muerte con su mirada dulce y serena
vino a robarme mi alma enamorada de ti,
jamás me robara el amor que te profeso.

Y… entonces tras el espejo de la muerte
vi tu amor eternamente.

Gloria Trejo

Originaria de Rio Bravo, Tamaulipas. **México**.

Abogado y Pedagoga a su vez que Escritora, Poeta y columnista

Actualmente radica en Estados Unidos y colabora con el periódico **"La voz Hispana de New York"** Newspaper con la columna semanal **"Alma de Mujer"** un espacio de temas dedicados a la mujer, pero sensibles para todo público.

Es Miembro de movimiento cultural "Mujeres poetas Internacional" donde colabora con el Movimiento **"Grito de Mujer"** y autora de "A ti mujer" poema para la respectiva Antología Poética.

Colaboró también en la Antología poética chilena **¿Por qué México?**

De igual manera colaboró en Antología poética chilena dedicada a Federico García Lorca.

Participó también en el Primer Concurso de Poesía de QM Editorial obteniendo el 2do lugar, con el poema. "**Andaba buscando un Poema.**

Ha publicado, de su autoría el libro de poemas:

"Contemplo Estrellas". Donde la fe y el amor a la vida se imponen.

De igual manera, el libro de cuentos infantiles:
"Llueve Chocolate" donde nos muestra el alma de los niños de una manera sencilla y divertida.

Derecho reservado

Yo rimaba y rimaba
un día creí que se secó la fuente,
ni versos fríos, ni versos calientes,
podría jurar que, en mí,
la inspiración moría y
no deseaba rimar nunca más.

Fue entonces que comprendí
que la poesía no era mía,
pertenecerá por siempre
a todo lo que se vive o se siente,
a aquello, a quien o quienes
la han logrado inspirar.

Remembranzas

Amanece,
No sé que día marca el calendario
pienso en tu voz pensándote,
siento en mi interior tu cantar.

Cae la tarde,
de los arrendajos, su trinar a diario
me hace sentir sintiéndote
y el viento, parece también llorar.

Anochece,
Remembranzas en triste rosario,
y este sentimiento de abandono
que no me quiere abandonar.

Hechizo

Perdida me encontré un día de mayo
envuelta en sus palabras lisonjeras,
noche mágica y fugaz como un rayo,
que pasó entre los dos, así, ligera

Aun no encuentro el sol de esa mañana,
que no aparece para mí la aurora,
porque esa noche para mí no acaba,
eterna condena, hora tras hora.

Como un sortilegio, como un hechizo,
rezando ante el altar de lo inconcluso
con promesas sin fin, con sacrificios,
desvelos y lágrimas que nadie supo.

Y descubrir de pronto el tenue velo,
que separa la muerte de la vida,
como ave herida derribada al suelo
por engaños, desprecios y mentiras.

Al final

Quizá jamás sepa yo para qué vine
a vivir esta muerte esta experiencia
sí vivir debe ser en si la esencia
de gozar y no sufrir de lo sublime.

Regresaré al lugar donde un día partí,
solo he venido para constatarme,
jamás fue la intención la de quedarme
y menos recordar lo que un día fui

Porque en un sueño pleno de palabras,
en medio de un camino idealizado
confundida queda el alma de tal suerte,

muchas las salidas, muchas las entradas
destino que al final húbose olvidado,
concluyendo que esta vida, es la muerte.

María Martha Britos.

Uruguay

Escribo desde niña, amo las letras, o las letras me aman demasiado.

Soy educadora desde mi formación y concepción. Lo he sido por muchos años y lo seré por la vida. Creo que quienes tenemos el don de la sensibilidad y la disposición en el alma, somos formadores de otras almas, de camino hacia el infinito.

Mis poesías son poco estructuradas, pero me gusta que llenen el alma del lector, con los más puros sentimientos.

Tengo muchos libros en mi haber. Amo el haber escrito *"Para una maestra especial"*, tanto como hacer una Agenda para el amigo.
Hay muchos otros con reconocimientos diversos. Educativos, en verso y prosa, sociales, de la misma forma.

Encuentros, *Abrazándote*, *Desde mi corazón*, *Cuentos para Luciano*, *Para jugar y crecer*, *Las presencias invisibles*, etc...

Amo al ser humano y al Divino, creo, confío y soy auténticamente real y consecuente con todo lo que escribo. Soy plástica por herencia y lo hago como hobby.

El hoy, me encuentra escribiendo una interesante historia familiar..., y siempre, poesía.

Cautiva

Dime si es amor, que, si me dices,
he de escaparle a tiempos y conquistas.
Dímelo, humedal cautivo de mi vista,
donde desvisto amores y deslices.

Es el aura brillante, tierra pura,
esencia del sagrado, dulce abrigo.
Es luz entre las luces de algún nido,
al descuido engendrando tal altura.

Pues desde alturas sí, allí percibo,
tesonera y extraña en la cordura,
replegando en las alas su armadura,
que en azules corrientes he sentido.

Te vislumbro, mi torreón y mi cadena,
espíritu indomable, savia intensa,
arrebato desde el aire y la presencia,
que, al dolor de no ser, sutil cercena.

Vuelo a ti

Que dulce es tu voz cuando me cantas,
Más dulce es aun cuando madura.
Tan dulce es mi cielo si me abrazas,
que mis labios tiemblan su cordura.

Cuando callas, temblor es tu mirada,
vertiente desbocada, espesura.
Humedad de lluvia derramada
por cauces perdidos de premura.

Cielo azul, crisol de madrigales
entregando estrellas nacaradas,
derroches de amor, en mi llanura.

Vuelo a ti, tristezas otoñales,
primigenia luz de madrugadas,
buceando amor, en tu figura.

Romance de la paloma

Caía la tarde, esponjosa, tierna,
tristemente quieta.
Detenía el vuelo aquella blanca paloma solitaria,
detenía el grito, la pasión y el ansia,
Cuando la tarde se iba…
Cuando la noche llegaba.

Se posó de pronto, encogió sus alas,
tristemente quieta, dulcemente viva,
suavemente, mansa.

Encogió de pronto
el lamento, el grito, ¡de sus ansias...!!
Inclinó su pico y rozó sus alas,
una brisa suave la cubrió
de calma.

Se marchaba el sol tras la montaña,
lo envolvía azul, la paloma blanca.

En la noche oscura, se encontraban,
y en silencioso acuerdo, se besaban.

Amanecía en trinos la mañana,
la rama sola, despojada estaba…

La paloma en luz pobló los cielos,
el sol habitando su profundo anhelo.
Lejos de la tierra suspirada,
en su propio mundo,
con sus propias alas.

Ven

Ven, mi amor, reclínate conmigo,
deja el tiempo atrás en su distancia,
envuélvete en la manta de mi abrigo,
y llega a las estrellas en su danza.

Prueba en sorbos suaves,
la levedad del beso,
invita a nuestra cita al mismo cielo,
sé por instantes preso,
en la luz dormida del anhelo.

Escapa de los tiempos, pues ya han partido,
dejando solo estrellas, en horizontes nuevos,
y vive en plenitud tanta belleza,
que producen dos almas y un latido.

Ven, acude lentamente,
sacudiendo tristezas al olvido,
tomando de mi mano lo vivido,
y de la luz, su brillo y su vertiente.

Transitamos el espacio de corduras,
de pasión, delirios y tristeza.
letra a letra, buscamos desmesuras,
tanto amor horadando la corteza...!

Ven, amor, que tu pluma bendecida,
sea parte generosa de la mía.

María del Pilar Parada Filgueira
(Pily Parada F.) (Golondrina).

Nació el 12 de octubre de 1958, en un pueblecito de Carreira-Ribeira, La Coruña-Galicia--España.

Vive en la actualidad en los Estados Unidos de Norte América con su esposo José, sus hijos Juan José y Sergio, su nietecita Sophia Isabella, y sus nueras...

Su vasta trayectoria literaria se puede apreciar en diferentes foros: como El Desván Del Poeta. He colaborado con escritos para antologías poéticas junto con diversos autores hispanoparlantes.

La Sirena que buscabas

Alcánzame la luna,
te decía mientras me amabas,
Bájame las estrellas
y todas ellas me bajabas.

Entrábamos en un rito de gloria
y en mi mar navegabas,
usando solo un remo.
El otro me lo regalabas.

Recorremos los siete mares
perdidos en océanos de hadas,
las turbulencias del mar
a nuestro amor alimentaba.

Quien pudiera ser sirena
para calmarte esas ansias,
que tienes de sentirte hundido
dentro de mis entrañas.

Quisiera saber un día
sí en mi encontraste la magia,
que buscabas en ese océano
lleno de corales y algas.

Estabas buscando un rumbo
y perdiste el norte de las aguas,
veías en el horizonte
la cara de la mujer que amabas.

No sé si seré yo
la reina de ese amor que planeabas,
pero en este rito salvaje
sé que fui la sirena que buscabas...

Libro vivo

Abro el libro y empiezo a leer
historias de marineros,
de barcos a punto de hundirse.
Hombres desafiando al viento.

Un barco está a la deriva
el temporal lo está hundiendo,
los marineros se desesperan
llorando, pero en silencio.

Auxilio imploran al cielo
de rodillas siguen luchando,
suspiros ahogados en sus gargantas
a las fieras olas siguen enfrentando.

De repente ven muchas palomas
una luz brillante se abre a su paso,
una mujer de blanco lleva un candil
con su mano santa los va guiando.

Las fieras olas se calman
batiendo en los acantilados,
en la proa los marineros contentos
no pueden creer que al puerto llegaron.

Atrás quedó su pesadilla
ellos piensan que estaban soñando,
un ángel del cielo vino a salvarlos
con cuerpo de mujer vestida de blanco.

De repente me despierto
yo era la que estaba soñando,
sentí con desesperación la historia
de este Libro Vivo y acabé llorando...

Dulce pecado

Un aplauso para ese amor
que a mi vida ha llegado,
un amor bonito y puro.
Ese amor siempre soñado.

El que me llena de besos
y sabe calmar mi llanto,
que acaricia mis caricias
y toca mi piel con sus manos.

Que me susurra al oído
un te quiero inesperado,
y me hace el amor sin prisas
besando mis dunas despacio.

El que me hace sentir joven
y calma mis días malos,
ese que sin hablar
sabe decir un te amo.

Aplaudo con fuerza tu amor
Y bien merecido ese aplauso,
porque escapaste de mis sueños
y hoy eres mi dulce pecado.

El Viento me llama

Soñé que estaba soñando
que el viento me acariciaba,
y me contaba al oído
sus pesadillas pasadas.

Me contaba sus delirios
de días y noches soñadas,
jugando con los cabellos
de niñas guapas y damas.

Soñé que estaba soñando
y el viento soplaba y soplaba,
y con su fuerza se reía
de todo aquel que gritaba.

Maldiciendo el temporal
que el viento les regalaba,
pero el viento no agredía
solo nos acariciaba.

Era el viento del norte
ese que llevo en el alma,
el viento bravo de mi tierra
que desde lejos me llama...

María Dolores Suárez Rodríguez,
(conocida como María Loli)

Nació en Las Palmas de Gran Canaria (Islas Canarias), España en 1965

Cursó sus estudios de contable en esa ciudad, al cabo de los años decidió escribir y supo que la poesía y la prosa eran su medio de transmitir el sentir de su interior.

Publicó su primer libro en 2013, titulado "Mas allá de los sentidos" un poemario nacido del corazón, participando también en varias antologías poéticas con la Editorial QM

Siempre amanece

Hoy me quedo sin palabras y susurros
quedando mi voz frenada por el llanto.
El dulzor de aquellos besos hoy amargos,
se hacen volcán de sinrazón en murmullos.

Aspiro y extiendo mis gritos silenciosos
que arrastran tempestades calladas.
Con rojos pedazos de sol de la mañana,
caliento quimeras entre sueños bulliciosos.

Te dibujo con mis dedos para que entiendas
cuál grande es este amor que entre mis pasos te lleva.
Con inquietudes, miedos, y la garganta seca
nuestras voces juegan en diferentes fronteras.

Mil sonidos me dejan hoy las lágrimas
Instantes de ternura del buen querer.
Suenan pensamientos tristes de ausencia que lastima
del amor eterno, que siempre esperé.

¡Amor!

Mírame a los ojos cuando duermo
levanta el vuelo de mis pestañas,
acumula en mis labios tus besos
para feliz despertar la mañana.

Busca en mi calor el abrazo
enciende a mis senos con caricias,
como solo lo hacen con tus manos
respirando serenidad infinita.

Déjame en el corazón
el susurro de una palabra,
de esas que despiertan al sol
calando sus rayos por mi ventana.

Acércate, sé el viento de mi mañana
eriza mi piel con tu aliento,
entibia con tu pasión mi cama
por si mañana, ya no despierto.

¡Papá!

Tengo en mí tu corazón,
tengo miedo de perderlo
y lo abrazo en silencio,
hasta encontrar el valor
de dejar de llorarte.

Que no te alcance mi dolor.
Y en un pedazo de cielo
donde una estrella te dejó
pegadito a ti de un rojo color
triste, se quedó mi corazón.

Se apagan las luces de tus ojos
tu camino largo atrás quedó.
Como fugaz esperanza
el tiempo te protegió.
Una vida eterna, llena de amor,
un nuevo camino a tu alma acogió.
Un vendaval de sentires, en la mía dejo.

Y subo hacia ti…

Dibujo en la sombra la luz de la luna
vistiendo a la incertidumbre con destellos
y la belleza se hace clara y pura
imaginando el vuelo de mis silencios

Siento como la realidad me deshoja
marchitando con paz a mi tormento.
Pétalos plateados alientan mis sueños
estrellas alegres que a mis penas despeja

Miro al cielo y devoro la distancia
viento y rizo enredan mi pelo
ramillete de fantasías y en los ojos un desvelo,
Amarte, ¿es la causa del latir de mi cuerpo?

Me balanceo como rosa en la brisa
palabras en tu busca, atraviesan el viento
promesas fuertes y simples como tallo sin espinas,
inalcanzables secretos le entrego a Morfeo.

Eugenia Ventrici

Nacida en Mar del Plata Argentina.

Se ha desempeñado como arquitecta y ha pertenecido a cátedras docentes en las Universidades de La Plata y Mar del Plata.

Abandona hace unos 15 años la profesión para dedicarse a la búsqueda espiritual y a partir de ese momento va transitando diferentes etapas recibiendo mensajes telepáticamente y comienza a transmitir conocimiento y a desarrollar en forma natural la veta poética.

En el intento de comprender la humanidad analiza e investiga temas que irán conformando un modo diferente de pensar y de sentir. Su único interés es la evolución humana por la cual intenta colaborar desde lo que va comprendiendo.

Entiende que solo la dominación del ego puede conducir a la humanidad a sentir la energía del Amor y actuar desde el Ser.

Segura de que este momento es clave para la evolución de la humanidad y que solo la energía Amor puede modificar el mundo hacia lo que llama las tres A…Armonía…Alegría...Amor.

Su libro Regreso al Corazón (Amazon) intenta en escritos cortos colaborar en parte del cambio que se está gestando.
Internándose en múltiples temas solo fluye en el rio de vida y va dedicándose a lo que intuitivamente se presenta.

Bosques de cemento

Libélulas aspadas,
Águilas con alas metálicas
destacan bramidos
en nubes cerradas.

Un auto rezonga
y mil con sus yantas
arrancan sonidos
en bandas asfálticas.

En la lejanía un martillo
clava las maderas blandas.
Una sierra corta las tablas
y el hombre labora
construyendo jaulas.

Silencio de voces humanas.
Todo es energía
en hacer de espaldas
al sentir del alma.

Este ojo observa,
la mente trabaja
y el corazón llora
ante tanta nada.

La ciudad avanza
mostrando las casas
que apiladas se coronan
con nubes del alba.

Unas hace tiempo
rascaron los cielos,

otras se construyen
esperando hacerlo...
Y frondosos árboles
fueron sepultados
donde anidan pájaros
que parecen ciegos.

Balcones recrean
los bosques que fueron
mientras el cemento
todo va cubriendo.

Doy vuelta mi alma
y diviso el rio,
extensiones verdes
y bosques antiguos.
Un sol que los pinta
con flores y abejas
calandrias, caballos
y vacas pastando
y en la mansedumbre
el sol alumbrando.

Algún peregrino
yace bajo un árbol
y en algarabía
los niños jugando...
Hormigas laboran
formando montañas.

Tañe la campana
la mujer ya llama
a compartir guisados
en el medio día
que el sol les regala.

Inaprensible

Anoche, ya muy tarde
la musa aparecía
eran miles de letras...
Versos que se esparcían
por los dorados cielos
que mis ojos veían.

Era un viaje apurado
entre azules y blancos
a medida que entraba
con letras tachonaba
de estrellas que se unían
en universal concierto.

Los versos intentaban
darte forma, atraparte.
Y tú te deslizabas
bailando las mil letras.

Que es un sol, me decían.
Y penumbra cerrada...
Que del ayer proviene...
Que en el hoy se desgrana.

Y así las letras,
en versos pintaban
en crudo puntillismo
tu semblante del alma.

Describirte... imposible
con los signos de agua,
todo era movimiento
en que versos nadaban.

Tu alma son las letras
que en el agua fluctuaban
¿cómo aprehenderte en una forma dada?

Y los versos surgían
en la noche cerrada
y comprendí que eres
el todo y la nada.

Han de despertar

Los suelos ya suenan...,
es un vomitar
Mis hijos aún duermen

Los suelos acunan
a esta humanidad
y mis hijos duermen...

La luna sangrienta
la noche en el sol
las piedras que caen
abominación…
Mis hijos aún duermen

¡Chacana... abre tu portal…!!!
Que mis hijos han de despertar
con mi beso eterno
unos bostezos dan

¡Chacana... abre tu portal...!!!
¡Que debo pasar hacia el Sol central...!!!

Solar encuentro

Despunta su rayo
Ojo entre nubes mira
Azules encuentros
de mil diapasones.

Horas, días de tinieblas
y El asomando
extendiendo brazos
recogiendo miel
endulzando almas.

Barcas que transitan
Estrellas fugaces...
despliegan el manto
campos siderales.

Semillas que abren
su corazón pleno
en medio del campo
de este firmamento.

Mi corazón ríe
por el corto paso
en que me dio su mano
y ese fue el encuentro.

Fabian Irusta

Argentina

Vivo en Villa Maza, Provincia de Buenos Aires, Argentina Trabajo como Maestro de Escuelas Primarias, oficio de ensueños y realidades.

Escribo poesías libres, pero suelo golpearme la cabeza cuando no puedo pensar.

Y soy un Poeta Mundano, que ha nacido en la casa de la abuela materna, en días de diciembre, hace como cincuenta y un años atrás.

Por supuesto, que amo escribir desde el equilibrio mismo de la pluma y las palabras. Pero es en los espacios callados, cuando construyo mi propio imperio de letras.

Albor de Luna

Miras la vida,
y la palpas, en un ir y venir del tiempo.
Luego navegas al ras del alma, hasta saciarte de lunas
que aparenten mil suspiros iluminando al pensamiento.

O a la piel, cual tono homogéneo evoca silencios,
nostalgias y hálitos titilantes.
Pero en esa soledad, comulgas plegarias,
para desterrar los recuerdos cimbreantes,
laberínticos y locos.

O adversos, según las normas en que bracean
los abismos.
No obstante, equilibras tu natural sostenido,
entre los ojos de espejos, las vueltas de la vida
y el manzano, como fruto prohibido.

Conectividad

Corteza, aletargada
entre las sombras, pero de noche
y encendida.

Lugar donde las manos, un tanto conveniente
y otro reflexivas, se conectan
al cuerpo para abrirse al hoy.

Pues alguna vez,
se refugiaron en blanco y sonrosado,
simulando contrastar
con la negra piel.

O el rojo tiempo
que detrás simboliza los aleteos del sol.

Sin embargo.
No dicen nada,
solo se acunan a la primavera cual despierta
desnuda los instantes.
Y lo hacen,
desde la frente, hasta el clima de las caderas,
y desde el alma, al cosmos.

Alma adentro

¿Quién eres?
Tal vez,
aquella mujer que alcanza mil orgasmos
con solo aromar algunos capullos.

O imaginando
en un abrir y cerrar de boca, que trepas impías
por las corolas del tiempo.
Pues cada uno. se puebla de impresiones, y en alma adentro,
cualquiera es profeta de sus anhelos.
Y no eres la excepción.

Y mucho menos, cuando la noche se gesta en tu piel desnuda
para hilvanar los sentires que continuos tonifican.
No obstante.
Sigues dando pasos entre las ilusiones.
Como arte primordial
y como instantes que florecen sobre los vergeles
sensuales, cuales lúbricos,
comulgan silencios.

Historiografía

La clave de tu existir,
se confesa a penumbras y soplidos.
Y a aleteos
que se resumen como imagen silenciosa,
bajo los sonidos del tiempo.
Entonces.
Eres el fruto de la creación.

Y no importa
cuanto oscilen los impulsos de vida
porque de ahora en más,
te haces al nombre de Dios.
Obviamente.
Que la eternidad
zigzagueará al son de todas las mariposas,
hasta representar con firmeza,
el vaivén de todas
las órbitas.
Pero es ahí,
cuando el crepúsculo
liberará sobre tu cuerpo desnudo, sus bálsamos
mustios.

José Antonio Sifuentes.

Nativo de la ciudad de Tijuana;
B.C. México
Casado 67 años

Escribo desde hace varios años, solo que últimamente a raíz de que estoy pensionado, me he enfocado a escribir más, no tengo nada publicado aún, espero hacerlo antes de emprender el viaje final.

¿Que soy, sino estas aquí?

¿Que soy? sino estas aquí, la hoja
seca que el viento levanta después de
desprenderse del árbol, que soy? sino
estas aquí, la gota de rocío, adherida al
tallo de la rosa que no recibiste y esta se
evapora sin transcendencia, que soy?

Sino estas aquí, la melodía del ave roja
que sus trinos entonan, pero que no oirás
pues la ventana de tu corazón se encuentra
cerrada, que soy?

Sino estas aquí, la
respuesta a las dudas, pero que nadie
va a buscar!!! y que quiero ser para ti,
quiero ser, el rayito de sol, que se cuela
entre el cortinaje de tu recamara, y se
prende en tu rubia cabellera, haciéndola
brillar, quiero ser la platina superficie de
tu espejo y callado admirar tu belleza,
captar a detalle cada pliegue de tu piel,
cada sinuosidad de tu figura, aprender
donde está situado cada lunar y grabar
todos tus encantos!!!

¡Que quiero ser para ti, el aire que
respiras, adentrarme en tus pulmones
y saber que, sin mí, no puedes vivir,
la almohada que guarda tus sueños,
y así dormida, murmurarte con toda mi
pasión, todo lo que siento por ti!

Estoy en ascuas, por donde empiezo

Estoy en ascuas, por donde empiezo,
el rompecabezas
en que me has envuelto,
es una verdadera travesía
pues el recuerdo de tus caricias y mimos,
nubla la inteligencia mía
y no acierto por dónde empezar,
la cabeza, esa solo
guarda la imagen tuya,
pues no tengo remedio, el corazón
quedo al margen de tus destrozos,
pues este ya con tiempo
lo habías destrozado, en mil pedazos,
esparcidos en el espacio
y tiempo, ardua será la tarea de quien
se ofrezca a darme la
mano y auxiliarme a esta tarea, agradeceré
mucho la nobleza
de esta mano caritativa, aunque solo la imagen
podremos
armar, el corazón eso se lo llevo el viento,
a donde, quizás
a un mejor alojamiento, ya nada importa,
solo quiero tener
la imagen completa, para poder ver como se deslizan las
lágrimas que tu partida ha hecho brotar,
adiós amor, en
la otra vida nos volveremos a encontrar!

Cuando no puedo tenerte...

Cuando no puedo estrecharte y entregarte
lo que llevo dentro de mí, cuando tu presencia
no la puedo sentir a mi lado, porque eres solo
una figura en mi pensamiento,
es entonces cuando
dejo que la pluma de mis sentimientos
fluya,
alimentada por la sangre de mis heridas,
que no
sanan todavía,
esas heridas abiertas por no tenerte
a mi lado,
las heridas que no se ven,
pero, sin embargo
es doloroso su sentir,
cuando no hay la presencia de tu ser,
cuando no es posible, ni siquiera verte a la distancia,
entonces he inventado una nueva manera de verte,
te veré en la sombra que proyecta el arbotante de
la lampara callejera, te veré en la risa, que dejan escapar
los niños descalzos jugando en la plazuela, te veré
en el aire que sopla fresco en la tarde y despeina mis cabellos,
te veré también en los tardíos rayos del sol al atardecer,
frente a mi ventanal...

Ausencia.

En la trágica y vacía sensación que causa la
ausencia del ser amado,
se consume aún en el fuego del recuerdo
un corazón acostumbrado a amar.

Exhausto en el diario buscar de la vida, un sentimiento,
que lo libre de esa sensación de
abandono,
que lo llene de la alegría de antaño.
que ilumine con su luz, con su alegría juvenil,
la oscura morada, donde ha hecho refugio de su dolor,
a donde ha ido a ocultar su soledad.

Tendrás tú, a la mano esa luz, que busca, ese calor,
que hace falta, serás, la nueva ilusión, que borre los

Rafaela Mila Iborra
(*con seudónimo Felita*)

Nació el 16 Octubre 1965 en Santiago de Cuba, Cuba.

Emigra a los Estados Unidos de América en Marzo del 2000 y radica en Austin, Texas actualmente.

Mujer, amante de la prosa poética y la poesía, donde suele desnudar su alma en versos.

La poeta siempre nos recuerda que su vida empezó a tener sentido después de la perdida de una hija, su pasado murió y su mundo es hoy. El hoy, es marcado desde ese día, lo que es significativo en la vida es el presente.

Sus actividades creativas se mueven en diferentes planos, las letras han venido a ser el trampolín que la impulsa en el mundo en su nuevo despertar. Desde la aurora a la alborada viaja en una nube de ilusión, y su vida es un mágico vivir.

Libros como "Mi alma entre las brasas", "El gemir de la noche" y "El poder de amado", han dado un bello sentido a su vida. Alma que dibuja su sentir en letras, conjugando palabras que hacen brotar el amor de su interior.

Ojos color de esmeraldas.

Ojos color esmeraldas.
tenía los ojos como esmeraldas
una mirada que hacía el amor,
como una enredadera de guirnaldas.

Eran unos ojos todo primor
con rico sabor a fruta madura,
y tonos brillantes dados por sol.

Aferrados al amor con locura
como el musgo se adhiere a una roca,
cual grandioso mar lleno de bravura.

Eran dulce primavera que aloca
sonrisa que seduce el corazón
rebosando con besos toda boca.

Son ojos que hacen perder la razón
pero sanadores como azucenas,
delicias que desbordan de pasión.

Bellos ojos con los que mi alma sueña
recuerdan mis angustiosos momentos,
por los que en la noche me causa pena

Danza la Luna.

Danza extraña la luna
con una candidez llena de magia
se mira en la laguna
feliz, por la belleza que contagia.
Con su brillo de plata,
desfila en la noche oscura de gala.

Presume su hermosura
juguetona con las estrellas, danza,
modela su lindura,
En el alto cielo, la luna avanza
es cura en el amor,
la dulce luna con su resplandor.

La luna y su destino
inspira a navegantes con su esencia,
ya que es algo divino,
para todo hombre y su larga experiencia
es manantial de vida,
que regala la noche seducida

Ovillo.

La luna es un gran ovillo
con flamante llamarada,
pintada de anaranjada
fuerte, redonda, un anillo.

Astro bermellón que embruja
como luz de las hogueras,
brillante es en primavera
luna de espejo de brujas.

Rodante ovillo, es la luna
preludio de amor, soy tuya,
dejaré que tu luz fluya
en la noche inoportuna.

Aureola que provocas
figura con filigranas,
paloma blanca con ganas
de volar hacia la roca.

Llueven tristezas.

Me están lloviendo mucho las tristezas
se va impregnando con dolor en mi alma,
como congelado invierno que llega
y destroza con golpes mi morada.

Son tristezas que adormecen mi mundo
con fiero matiz lleno de aflicción,
con sentimientos muy crueles e inmundos
que romperán pronto mi corazón.

Ay, ay, que tristeza tan insinuante
intuitiva al abrir sus grandes alas,
perversa y loca de besos punzantes
se apodera de mi alma enamorada.

Ay, ay, que besos, mil veces malditos
hoy extraño el embrujo de sus ojos,
y esos besos que calcinan mis labios
con fuego intenso que rompen cerrojos.

Vete tristeza de sueños perdidos
de memorias y engaños de un amor,
tristezas que piden con altos gritos
ser liberadas de su cruel prisión.

Ingrid Zetterberg

Nací en Lima-Perú,
Casada, tengo cinco hijos
y tres nietos.

Escribo poesía desde los once años, obtuve una Mención de Honor en el Concurso de Poesía "Manuel González Prada", y posteriormente gané el Primer Puesto a nivel nacional de poesía "Cesar Vallejo" ambos concursos convocados por la asociación de poetas del Perú.

Actualmente me encuentro registrada en varios foros poéticos de la red, en donde ya he obtenido más de 200 Diplomas entre poemas destacados y concursos ganados en Primero, segundo y tercer puesto.

He participado en tres Antologías Internacionales, "Mil Poemas a Pablo Neruda", "Mil Poemas a Cesar Vallejo", y "Mil poemas a Federico García Lorca", asimismo he participado en una Antología titulada "Anuario 2012 Convergencia Poética".

Te pienso

¡Qué diminuta
es la vida!
¡Qué incomprensible!
¡Qué ajena!

¡Pensar
que amé tanto
con ojos de niña
asombrados!

Y hoy que mido
el tiempo
transcurrido,
y penetro
en este enorme
pensamiento
que es la vida,

Me hastío
de este quebranto
y contemplo
con ojos viejos,
la inmensidad
de este misterio.

Y me pregunto
llorando quedo,
¿para qué vivo?

Y porque amarte
es mi más perseverante
secreto;

Ausculto tu mirar
distante,
sereno;

Y recostando
mi rostro reflexivo,
surcado de años,

Te pienso

Y resignadamente
entiendo
para qué vivo.

El día que partiste

Valle de sombra
que cruzaste
para reposar la jornada.

El día que partiste
tu suave beso frío
de mármol terso
apaciguó mi herida.

Todo en mí ha llorado
desde entonces
y ya sólo flota en el silencio,
tu sabia melancolía.

El gozo de escribir

Voy sacando a jalones
un poco de luz;
voy robando
lo que no es mío.

Voy gastando
cada minuto de mi ser
en esta lucha,
en esta ansia de vida.

Y debo agradecer
cada lluvia
y cada sol
que he olvidado.

Y amar esa fuerza
que hoy me eleva
hasta el martirio
y me hunde en nuevos goces.

Poema a Javier Heraud

Joven poeta,
cual fruta verde
te arrancaron de la vida
y el filo de la violencia
ha cortado tus palabras,
ha enmudecido tu voz,
dime, ¿dónde estás poeta ausente?
¿dónde descansan tus manos?

Tu canto fue tan breve y no obstante,
tus versos horadaron corazones.
Alma de poeta,
la muerte quemó tus alas
y el viento esparció las cenizas
de tu inconcluso vuelo.

Dime, ¿en qué tranquilas aguas
se mece tu descanso?
¿qué profundidades
guardan celosamente
de tu alma las palabras?

Poeta ausente,
ya se perdieron tus pasos
breves, extintos, pero en el camino
ha quedado tu huella,
estampada y eterna.

María Inés Martínez.

Nació el 11 de febrero de 1947, en la Ciudad de Alta Gracia, Provincia de Córdoba (Argentina).

Estudió en esa ciudad y trabajó como Docente de Plástica en diversas escuelas hasta su jubilación. Al cabo de unos años comenzó a escribir poemas.

En 2014 publicó su primer Libro de Poemas de Amor y hace pocos meses publicó su segundo libro llamado Poemas de Amor para Ti.

Amarte a ti

Amarte a ti con la tibieza de mis años,
es coronar la alegría de mi vida,
es dar vuelo de aves a mis sueños,
a mis deseos de amar hasta el infinito…

Amarte a ti desde la lejanía,
es delirio en sueños de poeta,
es recorrer las quimeras más abstractas,
es poder besarte en tus labios,
es poder abrazarte con estelas de dulzura…

Amarte a ti es la pasión desmedida
de dos locos enamorados en noches
de luna llena pobladas de estrellas,
en las praderas afelpadas de mariposas,
en la onda expansión de nuestras almas…

Amarte a ti es llorar de amor los amaneceres,
es reír juntos en los atardeceres,
amarte a ti es una gota de rocío
que juega en nuestros labios
sellándolos para toda la vida…

Triste soledad

Cuando llora la nostalgia
por ese amor perdido,
se comprimen los sentidos
y se agudiza el dolor…

En un charco de lodo
quedó enterrado el amor,
murió la ilusión del alma,
murió la sonrisa en los labios…

Mustio fue el despertar en soledad,
la brisa helada duele en la sien,
¡no sé vivir sin ti, amor!
me siento en un laberinto sin salida…

¡Enséñame a vivir sin ti!
enséñame a ver el sol al amanecer,
enséñame a comprender el por qué,
enséñame a ver la realidad…

Cuando la soledad te castiga
reemplázala con el cariño del alma,
cuando extrañes al amor
reemplázalo con una sonrisa…

Cuando veas oscurecer el cielo
descúbrete para que la lluvia limpie tus heridas,
deja que esa lluvia mansa sea portadora
del aleteo de mariposas que necesita tu corazón…

Lejanía y amor

La lejanía me enseña
¡como amarte más y más!
Porque te extraño mi cielo
remo mares de aguas bravías…

En esas tardes tormentosas
se hacen remolinos los sueños,
siento tu respiración en mi pelo,
siento tus manos en mis hombros…

Los recuerdos que te traen
a mis brazos son el néctar
del amor hecho distancia, y tus besos
las caricias que deleitan mi silencio…

Por las noches sólo mi almohada
sabe el amor que en lágrimas
va creciendo más y más,
mi alma clama tu nombre,
mi cuerpo reclama tu ser.

Mi amor porqué será

Por qué será que la vida me ha marcado,
muy triste y sola recorro caminos,
abandonada como un perro callejero
busco el amparo de una mano solidaria.

Por qué será que hay amigos que consuelan
pero no basta ese consuelo en mi alma,
ella reclama los abrazos que tú me dabas,
ella reclama verme feliz una vez más.

Por qué será que el dolor del amor duele más,
ese dolor que estruja los sentidos,
mi corazón no entiende de olvidos
ni tampoco de perdón ni desatinos.

Por qué será que el amor para mí es una travesía
que irrumpe en mi ser como un huracán
que se desgrana en la pradera de mi alma
como lava de volcán arrasador.

Por qué será que ya no puedo estar sola,
necesito de tus manos, tus abrazos, tu calor,
quiero sentir tu presencia en mi vida,
quiero sentir el amor entre los dos.

Marcela Noemí Gallardo

Nació hace 53 años.
Argentina

Soy locutora y escritora, vivo en la ciudad de Rosario, Prov. de Santa Fe, Argentina.

Conductora y creadora de mi propio programa radial llamado **"En la Cima del Mundo"** recibiendo distintas distinciones a lo largo de mi país, y en el campo literario.

Publicados en España, Madrid (Editorial Diversidad Literaria)
7 microrrelatos en distintas antologías:
"Universo de libros" "Pluma tinta y papel" "Inspiraciones nocturnas" "Breves carcajadas" "Versos en el aire IV"

Y en Argentina: en Editorial Dunken, premiados y publicados, poesías y cuento en las antologías:
"Al otro lado del mundo" "Letras del face 13" "Fugaces en el tiempo y eternos en el alma" "El arte de crear paz y amor", de la cual formo parte.
Miembro del G.E.P.A.N. (grupo de escritores, poetas y artista nacionales).

Suplica

Mis palabras, se volaron con el viento
empapadas de lágrimas de súplica,
más tu amor, no supo comprenderlo
rogué en vano, y no me gusta hacerlo,
golpeando mi rostro
en esta realidad de hielo,
con mis manos aferradas
a un anhelo,
que todo esto, sea un mal sueño...

Más tu mano me aparta bruscamente
y entonces reacciono y despierto,
que mala pasada me jugo el destino
al ponerte en mi camino.

Néctar amargo desborda por tus labios,
aquellos ...que una vez creí míos…

Pensaba que sin ti.

Pensaba que, sin ti, ya no podría
pensaba que los días, serian distintos
sin embargo, desperté y comprobé
que ya era de día.

Sin saber cuándo, fui atrapada por el sueño
pensé por un momento
que ya jamás dormiría…
pero, así como el cansancio
te aborda sin darte cuenta
así llega el olvido…

No… no sé cuándo fue…
un día se secó el llanto.
un día me di cuenta de que cantaba
una canción que sonaba en la radio.

Y no había corrido a poner
ese disco que me recordaba tanto
esos momentos juntos, y en esos temas
quedaran grabados.

Si...pensaba…
que sin ti...y ahora?, el olvido
 sin darme cuenta cuando.

Romanticismo

Romanticismo, que suerte
que aun corres por mis venas,
que suerte que un bonito tema
traiga a mi memoria, un recuerdo nostálgico
amor de adolescencia…

Y que aún conservo en un libro
aquella flor, que ya está seca
y un día sus pétalos fueron rosados,
como mis mejillas, cuando recibí
el primer beso, despacio en los labios.

Y un día el amor paso,
y también los años…
y hay otro amor a mi lado
el maduro, el templado
el que el corazón te grita, a diario
que es el verdadero
el que tanto habías esperado.

Romanticismo …que suerte
que aun corres por mis venas
y yo pueda demostrarlo.

Cuando cubro sus mejillas con mis manos,
cuando apoyo con ternura
en su frente mis labios,
cuando duermo a su lado,
cuando me preocupo por el
porque aún no ha llegado.

Porque también hay romanticismo
en lo cotidiano
solo tienes que saber reconocerlo,
y cuidarlo, compartirlo, alimentarlo
porque el romance es mejor de a dos.

Tu corazón y el mío enamorados.

La noche

Te dejo me cubras con tu manto frio
porque solo en ti encuentro
alivio a tanto hastío
me dejo envolver con tu silencio
pues en él encuentro la paz
para olvidar a quien a sido
y conmigo se ensaño
del dolor, el maestro.

Te dejo me cubras y
 no quisiera perderte
pues no sabría que hacer
si a la luz me asomase
ya mis ojos la olvidaron
solo lagrimas hay en ellos.

La noche es, para mí un espejo
donde mi alma se revuelca
donde la paz que queda en ella
es solo un reflejo,
no quiero
no puedo perderla, pues es
en el cofre de mi vida
la única y más preciada perla.

La noche fría me cubre
y el silencio me grita
¡me grita tu nombre…!
Mas no quiero escucharlo
aun duele tu adiós
en mi pecho clavado.

Déjame a solas con la noche
que nada interrumpa este idilio
el único verdadero pero
frágil como un vidrio
que el amanecer corre peligro
si un rayo de sol lo toca y
estalla con el calor de su brillo

como estallaría mi cordura
si un día regresaras y me dijeras
que vuelves a ser mío.

Francisca Medina viuda de Zapata

Nacida en la Capital Arqueológica de América – Cusco- Perú.

Licencia en Educación y Ciencias Sociales, por la Universidad Nacional "San Antonio Abad del Cusco". Ha sido una profesional que ha brindado apoyo en la reinserción social de adolescentes en riesgo en el Cusco en el Programa Integral de Bienestar Familiar - INABIF, asimismo, ha sido directora y profesora en la ciudad de Madre de Dios y la ciudad capital de Lima, en distintos niveles del sistema educativo como: Maestra de Primaria, Secundaria y "Educación Especial", con casi 30 años de servicio.

La afición por la poesía se encaminó a través de una promesa infranqueable a su difunto esposo, hecho que ha coadyuvado a publicar en las redes sociales y distintos foros internacionales, numerosos poemas que ha obtenido valiosos reconocimientos. Es colaboradora de numerosas revistas nacionales y extranjeras y se encuentra a portas de publicar un libro - poemario con 50 poesías inédita

Quiero un mundo mejor

Que hay detrás de mis soledades inagotables,
de una fuga interminable de las horas.
No quiero luchar en las sombras,
me aterra la idea,
de morirme a medias.
Mis recuerdos. Están guardados en cofres.
Guardo mis heridas no cicatrizadas
mi cerebro es cómplice.
Donde almacené mis siete sentidos,
que con ellos estrangulo
la adversidad, la maldad, atropello y las muertes,
Que gira abrazada a intereses ajenos.

En este mundo inválido, quiero escapar de recuerdos infectados.
Pero no obedecen mis desorientadas piernas.
Me atrapan los dolores y los ayes y los quejidos de la gente.
de los desposeídos, escondidos bajo hipocresías.

Donde además el hombre tiene sus propias guerras.
Y es preciso sin dejar estar con ellas
Sin derramar sangre ni empuñar fusiles
Que más tenemos en las manos una pluma,
y escribir versos para acallar el alma,
los dolores nuestros y de los demás
Y buscar un mundo mejor

Que hay detrás de mis segundos turbulentos,
de injusticias que veo. No deseo más
O es que la PAZ por si sola es una ficción,
o está concebida así por vida.

La muerte disimulada llega a diario,
y mis ojos están cansados....

De mirar las tristezas de mis hermanos.
¿Continuaré siendo invisible?
Sobre la línea cósmica o sólo silenciare
con el aire y el respiro de los acantilados.

O tal vez mi pluma se niega a escribir,
 se niega a sucumbir a actos infames.
De víctimas acribilladas por actos infames y las injusticias.
O tendré que cargar y ver lágrimas regados.
¡O debemos luchar por un mundo mejor!
Sin actos impíos.

Con el único misil que tengo mi pluma para escribir
o matar las penas y los dolores

Y los gritos insatisfechos de la gente.
Acompañemos a vivir en mundo mejor para todos
Todos con un granito de arena.

Y no ver más niños llorando y las madres guardando sus dolores....
¡Es un sueño! un mundo mejor sin PLOMO en el aire.,
con campos limpios
Llenos de frutos que satisfagan el hambre,
y flores de mil colores
Con aromas que alegren el alma.
Con aguas cristalinas abundantes,
sin contaminación y se pueda ser felices
Pueda vivir y los niños jugar en las alamedas...
¡Y! Vivir en MUNDO MEJOR.

Mujer creación divina.

Mujer de barro firmé hecha, diseñada por Dios
tú alma y tú espíritu, para llevar a seres
de hoy y de mañana, cultivando valores,
formando a los futuros desconocidos
mujer eres única, con aromas sutiles

Mujer eres tú la que quieres ser
porque bajas los abismos,
de tus horas amargas,
ya sea descalza, desnuda y decidida
limpiando y sacudiendo tus penas
sacando las espinas y los gorgojos,
de tus cuatro esquinas.

Mujer cuando miras, las palomas y las águilas
comen juntas y comen estrellas si deseas.
porque eres un punto de luz para iluminar las distancias
y eres el atajó aún después de precipicios.

Mujer creación divina eres llena de misterios
que acaricias con tus manos generosas

Eres la que llena todos los espacios vacíos
con el beso de tu alma y tus risas.
recordando tal vez tus años idos

Mujer aleteas en las noches cuidando a tus amados
como cristales de sus prontos amaneceres
en la esencia pura de tus pechos en las ardientes
humedad de tus entrañas.

Mujer solo la tristeza te declina cuando los recuerdos
llegan a tu alma, porque vives enamorada de la vida
y de la muerte, cuando sientes el dolor en tu alma
cuando, vez injusticias y seres humanos carentes de valores

Eres la que animas tus sueños dormidos si los tienes
en infatigable lucha, que aún en las pérdidas
le pones la pimienta y la sal y los sabores
porque la verdad solo la tienes y callas y con ellas mueres.

Mujer construyes tu casa te adobe y de Quincha
dando cobijo a tus amores.
mujer no fue fácil hacerte luz, porque eres humilde
vistiéndote de vanidades,
Que muchas veces no la tienes y no vean, que llevas
el alma rota hecha pedazos.

Así eres mujer y si te quedarás porque eres fiera
rosa, piedra angular del mundo,
como brújula señalando el norte de los cambios
¡Así eres, Eres MUJER!

El Cóndor de mis Andes.

El día pasa entretenido para ti
Cóndor de mis andes peruanos.
Pasas volando todo imponente.
Abriendo tus alas en la inmensidad.
Del cielo azul del cañón del Colca,
de mi bella ciudad Arequipa.
Te admiran por tu imponencia.
Con el Dios del aire y del espacio.

Te prendes y anidas en el muro de la tierra.
Reparando divinidades. que se pierde.
Los pájaros trinan en medio del frío.
De tus andes peruanos misteriosos.
Que guardan tus tesoros escondidos.

Cóndor de mi tierra peruana....
El mar se precipita en tu silencio,
la piedra sobre piedra que hacen historia
El muro sobre el muro... Te miran.
Extraviados en el vaivén de los tiempos.

El arco iris de los espacios siderales,
pasas volando en espacios dibujando,
El tiempo perfecto de la historia,
Cóndor con tus alas mostrarte,
Divinidad de los incas.

Cóndor de mi tierra peruana,
te engarzas ...al filo del idioma
Quechua, lengua nativa de tus pueblos.
Te quedas en las casas al oído de tus dioses.

El paso de los niños, los pasos de los jóvenes.
Los viejos incrustados en sus creencias,
anidando una cultura milenaria.
Y señorial a ojos vista...

Que nunca desaparecerá, ni perderá.
Porque te plasmaste para siempre.
En el centro de la tierra.
En el ombligo del mundo.

Volviendo a crear historia.
Que nunca terminaran porque sigue.,
vigente, el cóndor de mi tierra querida.

Los poetas

Los poetas se fueron buscando
el silencio.
Se fueron con las musas del monte
llevando su cargamento en su pluma
y sus palabras querían estar solos
para tejer sus versos.

Amenazando hacer su mortaja entre las hierbas
que se hizo dolor entre las espinas.
se escondieron entre las hampy rosas sanadoras
para sanar sus dolores.

Los poetas se escondieron entre los sauces
y cipreses. que adheridos a sus cuerpos
llevaban sus versos
Luchando por ser escuchados
ellos llevan en sus ojos los mejores colores
para pintar sus versos.

Los poetas que tienen sus cuerpos como cuerdas
afinadas y entonando melodías dulces cantarinas
para alegrar los corazones heridos.
ellos encuban los mejores sonidos.
alentando las mentes de los que los escuchan.

Esos los poetas soñadores
Alivian los nombres y las vidas de tantos
 moribundos donde las formas
Se hacen paraísos y entre los ramajes
hasta las flores pintan sus colores y
sus mejores aroman al paso de los poetas.

Los poetas no pudieron huir al monte
la espesa y la espera de hizo largas para las ninfas
pero los bosques y los duendes esperando están
La visita delos poetas soñadores

Ellos hoy ellos están preparando
Sus ojos y sus oídos para leer sus versos
hasta las moras extrañan a los poetas.
Todos los bosques esperando ellos
Temen que sus corazones se sequen
Al no escuchar sus poemas.

Acaríciame el Alma

Acaríciame el alma con tus sentires,
porque tienes la bendición que transforma
mi voz en dulce armonía,
por ti soy cuña, programa, concurso, la que triunfa
aunque la tristeza se apodere de mis esperanzas.

Acaríciame y hazme tuya con tu mirar.
que no temo a nada porque tienes la magia y me conviertes en
mujer poeta luchadora y triunfadora.
porque de tu mano mi las penas ni los dolores,
han podido terminar este amor que sentimos, porque, somos humanos...

El estar a tu lado me reconozco que soy niña, mujer, madre
perfecta equivocada, alma nueva, cuando me tocas,
siento que vuelo como los cóndores de mi andes
peruanos, cruzando Machu Picchu de mis amores,
centro magnético de ilusiones de extraños.

Y siento la fuerza magnética, cuando respiras a mi lado
y siento que soy aire y si me tocas soy brisa, cabello,
lagrima, beso y me siento que pierdo en bruma del deseo.
Y somos uno, soy tu mitad idónea.
y somos alas para abrigar corazones heridos
por las dudas y los olvidos.

Me gusta cuando soy de vos, soy cristal, porque soy mujer
transparente, frágil, brillante para iluminar,
como el sol la luz divina del perdón, del amor ...
cuando me acaricias el alma soy palabra bendita
Que te acompañará hasta la eternidad.

Sofí Piris Herdugo.

Nacida en Málaga -España en agosto de 1971.

Es hija de padres sevillanos y de la escritora fallecida Doña Pastora Herdugo Chaves que le inculcó el bello arte de las letras y de la escritura.

Es un mundo que le apasiona. Su primer libro el cual está dedicado a su querida madre y mentora. El cual se titula: "Dulces Sensaciones" de Poemas y Relatos.

Abrázame, abrázame una vez más.

Versos alejandrinos

Abrázame, abrázame una vez más, para poder olvidar
En estos instantes, los abrazos necesito cada vez más.
Sintamos los ricos momentos, con mucha intensidad,
Para amarnos locamente, desearnos, para poder luchar.

Anhelo el sentir, piel con piel, esa suavidad innata.
Hacer ver, que nos pertenecemos, y nos queremos
Completamente unidos, buenas cosas conseguiremos.
Me encuentro en una vorágine precipitada y vertiginosa,

La calma en sí es cómo si de un barco a la deriva, se tratara,
Encima de un mar con olas grandes, a punto de tomar tierra.
En vez de tomar tierra, el barco, se hundiera, se volcará.
Y todos los pasajeros, en sus propios camarotes, se cayeran.

Apasionadamente tuya

Me atrapaste en las mieles del encanto
Bellos ojos, me fueron envolviendo
Me embrujaste el primer momento.

Pasión ardida, fue nuestro secreto
Sed de amor, lista para desear.
Besos a escondidas, ¡Eres perfecto!

Tuya soy sol, me entrego a tus deseos,
Tu Duquesa, te regala su cuerpo
Amores, y pasiones, fiel y unidos.

Homenaje al poeta cubano José Ángel Buesa

Poeta, novelista y escritor, José Ángel Buesa. "Poeta enamorado"
en Cienfuegos, Republica Dominicana, Cuba, en 1910 nacido.
Sus poemas remarcan su faceta más nostálgica y con un punto enamoradizo.
Sus poemas traducidos en varias lenguas y sus "Novelas Radiofónicas",
así como todo su trabajo poético, dejan ver su magnífica Trayectoria Culta.

Hagamos de su gran carrera retórica, un magnánimo movimiento literario.
Movámonos, unámonos, en entrañable honor al excelente poeta cubano Buesa.
Reunamos a poetas y poetisas, junto a otro honorable "Poeta Romántico. Lorca.
Para hacer posible crear dicha Antología en honor de ambos líricos ilustres.
Fusionémonos, hagamos grande la cadena, para que todos se unan.

Magnificándose todavía aún más, si cabe. Creando atractivas tertulias,
para que sus trabajos no queden en balde, que todos los países se reúnan.
A nadie dejan indiferente. El tono, suave, cálido y amoroso de sus poemas.
fue Director de Célebres Programas, como la: RHC, CADENA AZÚL, Y CMQ...
Todas ya inexistentes. Pero remarcando ahí su gran trayectoria retórica.

Homenaje a Federico García Lorca

Poeta romántico con una singladura magistral
Nacido en ciudad Fuente Vaquero
Fechado a: 5 de junio de 1898, en Granada-Ciudad.
Sus bellos poemas, atraen por su hermosa calidad
Arrasando a personas, abarcando a países, regiones,
ciudades a todo el mundo, en plural.

Uniremos su homenaje al Movimiento Literario.
Grandiosos, bellos y elocuentes cantos poemarios.
Donde voz y aportes literarios a lo grande, aportamos.
En esta grata veneración al magnánimo trovador.

Obsequiemos una aclamación a tan ilustre Lírico.
Hagamos una monumental ofrenda a tan ilustre movimiento
Literario, donde reuniremos a poetas, poetisas, de todos los mundos.
Será especial, magnífico algo maravilloso, agasajador.

Julieta Corpus

Es oriunda de Río Bravo, Tamaulipas, México.

Empezó a escribir poesía a la edad de once años y su inspiración proviene de las telenovelas mexicanas y de baladas románticas de las décadas de los 70 y los 80 con compositores como Camilo Blanes, Napoleón, y José José.

Petición

Si muero,
no me han de cerrar los ojos.

Quiero mirar a mi madre,
reflejarme en sus pupilas.

Darle un abrazo callado,
caer ante ella de hinojos.

Si muero,
¡No me han de cerrar los ojos!

Pájaros de la noche

(Inspirado por Ciudad Sin Sueño de Federico García Lorca)

Aves nocturnas cruzan el cielo.
Todas.
Todas lo cruzan.
Alma moribundas sin descanso ni
sitio fijo donde pernoctar.

La noche se impregna de sus cantos
hasta justo antes del amanecer.
Los niños sueñan con globos aéreos
surcando sobre nubes de color.
Las niñas sueñan con dulces y caramelos.
los viejos sólo atinan a temblar
debajo de las sábanas.

Aves nocturnas cruzan el cielo.
Todas, todas lo cruzan.
Un coyote solitario las ve pasar,
inquieto. Su mente empieza a poblarse
de buitres rondando su esqueleto

Expuesto; y sus aullidos le desgarran la garganta
ecos secos, que se insertan como púas en las rocas.

La noche es un acto de magia.
Nos hipnotiza con la luna y
las estrellas, planetas y meteoritos
con esos malditos
pájaros nocturnos.

Ritmo Lunar

Cuando sale la luna
bailo con su resplandor
y pretendo que eres tú,
abrazándome.

Cuando sale la luna,
el cielo derrama miel
y brotan flores extrañas
con aromas del placer.

Nadie logra escapar
del hechizo de su luz.
yo prefiero sucumbir,
desnudarme de vergüenza.

Cuando sale la luna
sé entregarme a su ritmo,
a su música celestial,
y al recuerdo de tu piel.

Para Jorge y sus 45

No te conoce ni el miedo, ni la fatiga
ni la palabra derrota.
No te conoce la codicia ni la arrogancia
porque tu espíritu es noble.

No te conoce la envidia por ningún lado
ni la angustia en las calles de La Habana.
No te conoce la crueldad ni la indolencia
porque tu espíritu es noble.

El invierno te regalará una mujer rebosando
Amor y ternura.
Quien no querrá irse jamás de tu lado
porque tu espíritu es noble.

No te conoce nada oscuro, mi amor. No.
Porque tu espíritu es noble
y hoy quise desearte un sendero lleno
de luz, hoy y siempre.

Samuel Echeverría Christie

Nació en 1988 en la ciudad de Santiago de Chile. - Chile

Hoy por hoy tiene 29 años, escritor por vocación, arte que practica desde los 12 años de edad y que no deja hasta el día de hoy, a principios de este año publica su primer libro de poesías titulado subterráneo.

Criado en el campo estudio en la ciudad la media y cursos audiovisuales. Actualmente soltero sin hijos.

Lluvia poética

No es la lluvia que cae afuera de tu ventana.
Es esa lágrima que dejaste mojada en la almohada
de la lluvia de tu alma, de la lluvia de tu corazón,
de la lluvia de tu mente cuando la dejaste en el árbol.
Porque la dejaste limpiando,
porque te extraño invierno,
porque te extraño agua,
agua de sentir,
sentir del alma.

Dolor que se va

No sé si te deje de mirar por un instante.
Que mis letras y mis palabras no te encuentran.
No te puedo abrazar luz.
Te amé tanto que no puedo escribir o recordarte,
porque todo lo que deje fue por amor.
Como amor que perfora cada rincón de mí,
lejos de ti, dañando menos todo.

La misma Alma

A mí se me había perdido algo en la conversación,
lo fui a buscar quien sabe adónde.
Era eso esencial que unió nuestras miradas, que ahora aúllan solas vagabundas, era el mismo número matemático Que disfraza el amor, que si levanto la sabana de mis ojos nos vemos perdidos por ser conscientes de que se llama olvido lo que vive.

Yo quiero proponer una tregua, y mi primera tregua es el miedo a que sea demasiado tarde. Y mi segunda tregua es que tú y yo seamos felices. Porque si lo tuyo y lo mío fue verdad, atropellará la vida para ser felices, y si ya fue y falleció todo, que el olvido tome nuestras manos porque perdido mirándote estaría toda la vida.

Porque de amor vivo y de amor muero.
Y puedo estar con mil soledades si perder la tuya lo vale,
esa tuya soledad que, aunque estés acompañada soy solo yo el que la puede ver, porque soy cómplice del mismo número matemático, la misma conciencia de perderse en el olvido,

La misma pena de sentirse vivos, aunque vivo estemos.
Solo nosotros nos entendemos.

Teresa Ema Suárez.

Uruguaya.
Nacida en Montevideo el 12 de enero de 1959.

Escritora aficionada, llena de sueños, ilusiones y vivencias que desea compartir.

Registrados en la Biblioteca Nacional de Uruguay, 540 poemas.

Ámame

Desnúdame la voz que a ti te nombra,
sepárala del tiempo y del verbo.

Sujétala, se cuela entre mis ansias,
me despoja de la tranquilidad
que tanto anhelo.

Quítale el acento con que empeña,
deseosa la palabra cuando callo,
pero de ti me lleno y desespero,
porque no estas y mi alma te reclama.

Bórrame el cielo que tiene la distancia,
implórale nos acerque a cada instante,
derrumbare kilómetros de mundo,
me iré a tu lado y seré tu enamorada.

Desnúdame la voz que a ti te nombra,
sal de mi inconsciente
y de una vez... ¡Ámame!

Cuanto tiempo espera

"Añora y espera.
brilla en su interior sus sueños.
ha amado con la intensidad del viento,
arrasó a su paso con sus miedos.

¿Cuánto tiempo espera el corazón?
cuánto vale cada intento por no desistir.
como una gota de lluvia, quiere resbalar
entre los dedos y llegar con sus manos
a rozar la firme piel dorada.

Como una hoja que mece el viento
y cae en la orilla de la fuente en el invierno.
como ése suspiro largo
que atraviesa el pecho y corta al corazón
en dos, así, así se siente por momentos.

Llegará en algún momento y
romperá el hechizo escrito en algún cielo.
el universo gira en derredor y ella
solo siente en su interior el fuego".

Mujer que has regalado de tu vida los sueños.

Mujer que has regalado de tu vida los sueños,
nada te has dejado sedienta de Amor bueno.
sin saber que los pasos que de noche se trazan,
solo guardan el misterio de vivir el momento.

Mujer que vacía, te sientes hoy sin las palabras,
que llenaron tu vida, cuando él decía amarte;
y sin querer inclinaste toda la balanza,
dando de ti lo más puro y sin esperar casi nada.

Mujer, Dios es testigo de todos tus tormentos,
no llores esta noche… no esperes el sosiego.
pues de nada sirve querer matar el tiempo,
así sola quedaras y vacía por dentro.

Deseando ser querida por un Amor pasajero,
que solo te usará para vivir el momento.
utilizará tu cuerpo llenando de dulzura,
lo que enmascara impune y te llena de amargura.

¡Mujer! despierta... mira brillar la aurora,
regálate la pureza de soñar con el día;
lo que tu Ser te pide y tú ya no le escuchas…

¡Amate mujer!, cuida tu cuerpo, ese es tu templo,
el lugar sagrado de tu vida,
donde vivirá lo eterno.

Que culpa tengo yo

Juzgaste mi silencio,
como si de mí, hubiera
salido piedras a tu alma.
para no seguir hiriéndonos
y tu creíste, que mi silencio,
asentía tu malgastado Amor.

Tu vacío quería arrastrarme hacia él,
tu necedad se enmarañó, con tu soledad.
Que culpa tengo yo, si no sabes Amar.
Si mi cariño te hace mal, sino sabes
qué hacer con él, pues te molesta.

Así implacable llegaste a mí,
lleno de miedos, que descargaste
con ira y yo…solo callé.

Me encerré en mi caparazón, esa que
me protege, cuando no encuentro
calidez y ternura, esa que arrebata,
en un segundo mi vida y me sumerge,
en el más solitario lugar de mi vida,
mi conciencia. Donde deja
el mundo de existir.

José Santiago

Nace en Almuñécar (Granada) 1963 – España.

Autor de ocho libros publicados y reediciones. Prologándose su primer libro: Tú o la Espuma -Poema al Atardecer- por el exdirector de la RAE Manuel Alvar.

Nombrado Embajador de la Palabra por la Fundación César Ejido Serrano. Durante su residencia en Madrid comparte amistad con Rafael Alberti, Gabriel Celaya, Luis Rosales, Manuel Rivera, entre otros.

Propuesto como académico por varias academias internacionales. Incluido por dos años consecutivos en el World Poetry yearbook traducido al inglés y publicado en China.

Participa en numerosas antologías mundiales. Fundador de revistas literarias, encuentros internacionales de las artes. Colabora en numerosos colectivos en favor de la palabra y por la paz del mundo.

Con el propósito que la cultura llegue a todos los rincones y personas, decidió que sus libros fueran gratuitos y destinados a fines solidarios. Viene cosechando numerosos galardones y distinciones en el mundo de las letras.

Susurro de piel

Beso como ola a otra ola en la orilla de tu cuerpo
casi agua -cuando vuelo- acariciando tu aroma.

Efervescencias de boca hasta la boca inusitada
lenguas como espadas o roce sacudido resiste
el recorrido onírico de luna que titila sobre iris
imantando mirada en otra mirada sobrecogida.

Labios o reto tácito persistiendo huellas entre talco.
Calco de estremecimientos contenidos furibundos
aislados entre fuego encendido que se dibuja…

Mano sobre manos …fresas tu aliento …temblor
desnudo que amamanta errante suspiro perdido
entre la desnudez ofrecida o susurro de piel
sobre piel contra piel o silueta o amago indeciso
entrecortado musita el tacto que se adivina…

Besos recorriendo besos por un mar que renace
constante hasta quedar sobre la orilla la sombra
de tu silueta abrazada al amanecer en la arena.

Susurro mientras llega

Un susurro es hálito de esperanza
cabalgando sobre alas de Pegaso

…por el aire
…entre el aire.

Posada de huida por la ventana
o magia que te envuelve.

Lazo de asomo de luna
entre melodías de ocasos.

Silencio que se rompe
o titilo sobre la mar.

Reflejos de un deseo
que tirita adentrándose

…por el aire
…entre el aire.

…mientras llega.

Toda mar

Recorro por tus pupilas toda mar
ocaso de mi sueño o tarde
que balancea el temblor
-amontonado-
entre luces de velas tiritando
al caer la tarde.

Por tus cabellos izados
entre brisas de luna
riela el silencio cómplice
que nos vigila sigiloso
estremeciéndose cada átomo
por el instante que sobrecoge
…al deseo.

La mar azul navega como el vino
recorre tu cuello de cisne
…a cada sorbo …a cada trago
me adentro tan dentro
que fuera de ti …ni siento.

Sería náufrago de noche
día de tormento
velero de agua sin quilla
sin vela
sin mar
…sin sueño.

Déjame al menos
-durante el sueño-
niña…
déjame
…comerte a besos

Tonás de guitarra sola

Mira si eres consentía…
ay, que cuando voy contigo
ni mi sombra es ya la mía

Eres tú mi pentagrama
acorde de aire que siento
guitarra cuerpo de viento

Guitarra mía y tan sola
dile que la estoy soñando
meciéndonos entre una ola

Jesús Alvares Pedraza

Nació en Calimete, Matanzas. Cuba Julio 7 de 1952, cubano, residente en Miami

Ha publicado en diversas antologías nacionales e internacionales, y cuatro libros de su autoría:

"Yo sé que la Piedra Sueña". "Bosque de Vidrio". "El otro Bosque."
"Con la Caligrafía de los Árboles".
Todos disponibles en Amazon.

Entre sus méritos más sobresalientes, se destacan los premios...
Circulo de Colegno (Italia)
Premio poesía peruana. Carta lírica, (Miami)
Carmen Luisa Pintos, Publicaciones entre líneas (Miami) entre otros.

Pertenece a la antología mundial POETAS DEL SIGLO XXI

Aire blanco

Hoy que viajo del tiempo a las cornisas
con polvo peregrino entre los años,
ya mi piel no recuerda los tamaños
que tuvieron, aquellas, mis camisas.

¿Dónde han ido las hojas y las brisas,
el ave del espejo, los regaños,
las tardes derritiendo sus estaños,
los silencios de todas mis sonrisas?

¿Y adónde fue la novia de agua y luces?
espuma de la vida entre las cruces-
que dejaron las naves de la guerra

en los ojos cerrados de este cielo,
que aprieta largamente su pañuelo
sobre el aire ya blanco de la tierra.

Penélope aún me espera

Se dice que un caminante
en el fondo del espejo
la encontró en un libro viejo
abrazada a un navegante.
Que una guitarra distante
desafinaba la sombra
de su pueblo que la nombra,
y que sigue en la estación
hilando aquella ilusión
con la nieve de la alfombra.

Su bolso de piel marrón
está guardando recuerdos.
Adentro dos locos cuerdos
se lloran una canción.
Se deshoja el corazón
como la lluvia en abril.
Hallo mi voz infantil
y quedo como volando,
volando lejos, mirando
la tarde toda de añil.

De su vestido de hielo
las estrellas se apagaron
cuando los vientos pasaron
como barcos por el cielo.
Se esconde detrás de un velo
en el tiempo detenida,
no puede zurcir la herida
pero Penélope sueña
tal vez como una pequeña
que se ha quedado dormida.

Su banco de pino verde
suspira por la madera,
y lloró la vida entera
aunque ya nadie se acuerde.
Entre los hilos se pierde
la leyenda de las manos...
Penélope, a tus veranos
le falta no sé, algún río
y aquellas noches de frío
que enmudecieron los pianos.

Penélope aún me espera,
en el tiempo está sentada,
el andén de su mirada
se ha vuelto un busto de cera.
La estación como si fuera
un largo ovillo de nieve.
Su voz de pájaro breve
sigue cantando a lo lejos
y al lago de los espejos
le llueve tanto, le llueve.

Le llueve tanto, le llueve,
y al lago de los espejos
sigue cantando a lo lejos
su voz de pájaro breve.
Un largo ovillo de nieve
la estación como si fuera.
Se ha vuelto un busto de cera
el andén de su mirada.
En el tiempo está sentada,
Penélope aún me espera.

Noche de pianos amarillos

Estoy
en esta noche de pianos amarillos,
sacándole puntas a las estrellas,
parado en los bordes del aire.

Ya no se la hora que marcan los techos
en los ojos de las palomas.
Se detuvo el baile de la niebla
entre los dientes del polvo.

Estoy
mirando cruzar los mismos gatos
que me arañaron los recuerdos,
las mismas voces oscuras de la hierba.

Y no es casual esta lluvia
que se rompe los puños
en los colores del otoño.
¿Será qué me llama con sus lenguas de sueño,
qué me busca en el tablero de la ceniza,
en la rendija oxidada de los candados?

Estoy
frente a unos ojos músicos
caminando por una nube de la memoria,
desatándole muertos al olvido.

Cruza el cielo,
el agua me recuerda
que había un parque, mi parque de siempre,
y la muchacha rubia, de siempre,

que colgaba de los árboles
sus muñecas asustadas,
sus trenzas a los soles de junio.

Estoy
sentado en las muertes de la noche,
bebiendo de todas las vidas
que se abrazan al poema.

Jesús Quintana Aguilarte.

Nació en la Ciudad de la Habana, Cuba

Residente en los Estados Unidos de Norteamérica desde el año 1995, padre de dos hijos maravillosos la mayor Doctora en Medicina y el menor Licenciado en Leyes, abuelo de dos nietos maravillosos que estudian y se fortalecen.

Escritor, poeta y amante de la literatura, admira a Jim Corbett escritor de aventuras y de José Martí y Pérez poeta cubano y líder del movimiento revolucionario cubano.

Nació para escribir, pues sus letras fluyen de su alma y así lo reflejan sus poemas, en todas sus facetas de escritor y de poeta quién lo lee se enamora de su forma de escribir.

En su haber tiene tres libros publicados, en 2011, "El Amor y la Amistad", en el 2013 su segundo poemario "La Soledad y la Inquietud, y en el 2015 "Misterios de la Buhardilla" todos con la editorial QM.

En la actualidad Preside el Movimiento "Lorca – Buesa" y está enfrascado en la recopilación de poemas para el primer libro titulado Antología de Poetas Latinoamericanos.

Para que tú me oigas.

¡Ah, como me daña tu silencio de olvido!,
y me adentro en las olas buscando un recuerdo
las colinas sangrantes que rodeadas de nieblas
me gritan furiosas desde los errores cometidos.

Como pude alejarme de tu corazón en calma,
olvidar tu mirada y sobre todo tus manos
que surcaban mi espacio aliviando mi alma
como pude olvidar todo lo que soñamos.

El fragor de las olas de esa playa tan nuestra,
que en las noches sin luna reflejaban tu rostro
hoy reflejan tan solo una mueca siniestra
y la arena está llena de piedras, espinas y abrojos.

¡Ah como me daña tu silencio de olvido!
cómo se seca el jardín, aunque a diario lo riego,
y en nuestra alcoba de amor ya nada siento
al alejarme de ti he perdido la paz y el sosiego.

Por eso para que tú me oigas hoy te grito,
¡Ah como me daña tu silencio de olvido!

¿Por qué esa canción?

¿Por qué te abrazas a esa canción sangrando,
que consume tus entrañas, y se revierte
en poesía cuando nadie está escuchando?

Cuántas palabras de amor escribí soñando
que tal vez no escuchaste, y apenas leíste,
aunque desde el papel te seguían gritando.

Han perdido mis ojos su luz en el paisaje,
del negro mar en que me he sumergido
como si el olvido me sepultara con el oleaje.

Como si el único rumor de ti que advierto
fuera ese golpe de campana de fúnebre tañido
que me amortaja entre olvido y desconcierto.

Siempre que escucho esa canción de fondo
sangra toda mi alma llena de tormento,
como si fuera una traición si la respondo.

Cuando no estés, me acercaré a tu casa,
clavaré en tu puerta una rosa marchita
y me alejaré confundido entre la gente que pasa.

Poniente.

Tú eres eco, verso, amor y eres simiente,
una faceta de dos almas, eres diamante
no solo eres preciosa, tu eres el arte
clavada en mi alma como daga hiriente.

En cascada bajas de la alta montaña
como susurro gigante de músculo y grito
no solo esparces frescura, cierras el abrazo
y alegras mi mundo que sin ti esta maldito.

Eres pluma en vuelo, hoja, surco, eres paloma
la que quisiera guardar en cofre de oro
luna azul, estrella, un ánfora de paz rellena
que se me fue esfumando y que aún lloro.

Quiero ser una barca hacia el poniente,
iluminada con tu risa, tu amor, y tu alegría,
mirar atrás hacia nuestra propia esencia
y convertir la espera en agradable sinfonía.

Muchas veces nuestras almas se besaron,
y hoy vuelan juntas convertidas en poesía.

Para mis amigos poetas y poetisas.

A mis amigos los que han sido,
cumbres, cerros, helados inviernos
soportes y abrigos de mis malos tiempos
palomas fugaces que en su tierno vuelo
le han dado a mi alma cobijo de cielo.

Me dirijo a ustedes porque cuando los leo,
me torno sensible y fuerte como el viento
con sus letras y nombres a fuego tatuados
pájaros de alturas, gritos de torrentes,
testigos de este abrazo, tierno y enamorado.

A ti caballero amable de dulces palabras,
que subes la cuesta en tu cálido enero
para depositar con mucho amor y respeto,
flores en los brazos de una bella mensajera
que buscando estrellas, escribe con esmero.

Yo solo soy testigo, que leyendo aprendo,
de ese brillo cegador y la crudeza del invierno,
un aprendiz que espera el abrazo enamorado
con el pecho abierto y flores en el costado.

A ustedes mis queridos poetas y amigos,
les comparto aquí, un corazón feliz y renovado.

Reme Gras

Nació en Elda, Alicante-España en el año 1957.

Desde niña su pasión fue la lectura. Y aunque sus estudios se encaminaron por las ciencias, ya de mayor el gusanillo de la escritura hizo que comenzara a escribir con asiduidad. Primero colaboraciones en las revistas de su ciudad, y más tarde publicando en su blog, y en redes sociales, hasta animarse a editar su primer libro de poesía "Diario de un Corazón" con la editorial QM, y después de una colaboración en otro libro de la misma editorial, nació un segundo libro "Experiencia y Vida" que seguro no será el último.

La nada que me contiene

Ese cuerpo que me es extraño,
que apenas asemeja un cántaro de barro,
frágil, enjuto, poroso y opaco,
donde no me siento yo.
Tengo la constancia de mi desarraigo.

Inútil para la vida,
inservible para la maraña de congéneres,
totalmente obsoleta.
Ya no siento ni tristeza…

Solo una certeza sólida y constante,
de no ser nada.
Sin piel, ni carne…
Ni de mis huesos quedara constancia,

Ya formo parte de la nada que me contiene.

Lo que escribo.

No sé si es poesía,
los días, lejos de enseñar...
adormecen el sentir.

Desorientada, desalentada, perdida,
mi mente vaga entre el deber,
o mi ansia por ser yo misma,
y esa parte íntima que ahoga.

Soledad de soledades,
crecimiento nulo de ilusiones,
sólo el vacío me acompaña
y es quien camina junto a mí,
hacía la última morada.

Letras y tiempo.

Escribimos para el consumo
la inmediatez nos apremia,
nos empuja a crear…
Casi, a vomitar versos.

Obligados a el desenfreno de las letras,
usando los adjetivos más bestiales,
los verbos más rebuscados,
conjugando no solo letras.

Descalificamos la ternura,
obteniendo abruptos que plasmar,
sólo vale lo que escandaliza.
¿Quién decide lo que es válido?,

¿Quiénes califican o degradan?,
en el verso no todo está permitido.
Y si lo está…
¿Pierde carácter?

Nunca

Nunca alcanzaré las estrellas,
aunque, jamás deje de intentarlo,
el cielo no brilla para mí.

En un universo cambiante,
miles de estrellas brillan y deslumbran,
sin que importe la intensidad de su luz.

Nunca me importó brillar,
o ser más o menos opaca,
todo se reduce a la mínima expresión
hasta ver mi reflejo en tus ojos.

Mi entorno me oscurece,
me duelen los destellos de otras estrellas,
y no me basta ser una más,
me duelo por ese sentir...
Ajeno a mi yo interior.

Y lucho por no dejarme arrastrar por la envidia,
siendo solo, una sombra de mí misma,
una estrella que agoniza y se aleja.

María Rosa Parra
Rosemarie Parra (seudónimo)

Fecha de Nacimiento: 16/08/1958
Uruguay--Casada

Profesora autodidacta de todas las materias curriculares a nivel de enseñanza primaria, secundaria, terciaria, comercial (42 años de actividad en la docencia), poliglota, escritora, declamadora de poesías en radio 1968. Poeta, ensayista en filosofía y literatura, comentarista en portal digital "El País Digital". Integrante de coro estudiantil 1974.

Estudios: bachillerato opción humanística orientación derecho prologuista en antologías. Organizadora de eventos sociales y virtuales. Y administradora de empresas comerciales

Premios Literarios:

Narrativa (1970) 15 aniversario colegio Juana de Ibarbourou -1er premio compartido.
Narrativa (1975) 20 aniversario colegio Juana de Ibarbourou -1er premio
Narrativa (1981) 26 aniversario colegio Juana de Ibarbourou -3er. lugar
Poesía, concurso S.V.A. (2009) Julio Romero de Torres – Turpial de oro, compartido.

Participaciones de concursos en narrativa – intendencia municipal de Rivera.

Participación de poesía en diario impreso "El País"

Participaciones en otras redes de antologías

Integrante del directorio de remes, de poetas del mundo

Inscrita en el M.E.C. (ministerio de educación y cultura – Uruguay) código 283507

Corresponsal del diario sicilnews.com – Sicilia - Italia

Creadora del día del poeta virtual 31/10 anual

Creadora del i festival virtual de poesía en el día mundial de la poesía 21 de marzo

Reconocimientos internacionales:

Sicilnews.com, UHE-SVAI, clepsidra internacional, instituto VAE-Brasil.

Obtuve trofeo internacional otorgado por la dirección de sicilnews.com

Participación como jurado internacional en varios concursos en redes literarias: UHE, SVAI, la pizarra del poeta, etc.)

Delegada cultural por el liceo poético de Benidorm-España.

Directora internacional de redes institucionales web en U.M.E.C.E.P. – unión mundial de escritores por la cultura, la ecología y la paz.

Miembro de la AMCL (academia mundial de cultura y literatura) Brasil silla 69, académica Rosemarie Parra, patrona Juana de Ibarbourou.

José Ángel Buesa "Deseo".

J oven poeta romántico cubano
O teando el nexo lírico generacional
S ensibilidad temprana lo asiste
E mblematica sabiduría trascendente.

A ngel
N otable, poeta
G enial, carismático, sensacional
¡**E** l romántico generacional SALVE!
L iterato.

B uesa
U suario cultural
E mancipado, sincronizado, carismático.
S ensible su temática lírica.
A dmirado.

D eseo
E strella universal
S util, carismático, dramaturgo.
"**E** l cafe de Chinitos"
O diseico.

Federico García Lorca.

F antástico del romanticismo
E nseño versificación dramaturga
D ramaturgia que lo lleva a la trascendencia.
E studio y se instruyó de los pilares de la época
R evista Gallos la funda en 1928
I ncursiono en su vocación de dramaturgo
C onocio a sus homólogos de su época.
O cupo un lugar en la dramaturgia universal.

G enuina fue su trayectoria universal.
A carició el éxito con sus versos inmemoriales.
R ecorriendo y conociendo lugares líricos.
"**C** anciones" en 1927, su libro publicado.
"**I** n Memoriam" en uno de sus "Poemas del Alma"
"**A** lma ausente" un título significativo.

L uchador por sus ideales incondicionales
"**O** da a Salvador Dalí" su homenajeado.
"**R** omance de la Guerra Civil española" a lo épico
C on su desamor romántico "La casada infiel"
"**A** rbol de Canción", mágica melodía, sublime.

Amor encubierto.

A mor a las escondidas, a oscuras
M uy desconcertante atrae secretos
O miten incógnitos secretos
R edoblantes marchan a oscuras.

E nsimismados permanecen a oscuras
N o son ignorados los secretos
C onmensurables son los secretos
U niformes los secretos a oscuras
B ravíos permanecen ocultos
I gnorados efluvios lírico de tal
E ncantadores y efusivos fluyen
R omanticismo se profesan ocultos
T emporalidad de encuentros de tal
O h! cuantos secretos invisibles fluyen.

Países y Poetas participantes en la Antología

ARGENTINA:
Eugenia Ventrici
Fabián Irusta
Marcela Noemí Gallardo
María Ines Martínez
Norberto Brom (Beto)

CHILE:
Adam Maimae Herrera
Samuel Echeverria Christie

CUBA:
Jesús Alvares Pedraza
Jesús Quintana Aguilarte
Lazara Nancy Diaz García
Rafaela Mila Iborra (Felita Milá

ECUADOR:
Luís Gonzalo Machado Sánchez

ESPAÑA:
Ana Giner Clemente
Ana María Mejuto
Dolores Pereira
Gema Cepeda Grande
José Santiago
María del Pilar Parada Grande
María Dolores Suárez Rodríguez
Sofí Piris Herdugo
Reme Gras

MÉXICO:
Gloria Trejo
José Antonio Sifuentes
Julieta Corpus

PERU:
Francisca Medina viuda de Zapata
Ingrid Zetterberg

URUGUAY:
María Martha Britos
María Rosa Parra (Rosemarie Parra)
Silvio Daniel Gómez Sanchis
Teresa Ema Suárez

RUMANIA:
Amisoara Vlejo

Índice

Autores	Poemas	Pág.
Adam Maine Herrera....................		9
	• Ángeles que ya partieron	10
	• Sueño obrero	12
	• Hoy tengo pena	14
	• No tengo tiempo	16
Ana Giner Clemente.....................		18
	• Espejismo	19
	• Crisol	21
	• A ti Mujer	22
	• Inocentes	23
Ana María Mejuto.......................		24
	• Hoy deambulo con mi Soledad	25
	• Cuando llega la noche y la Luna se asoma	26
	• Mis ojos hablan de tí	27
	• Necesito huir de las sombras	28
Amisoara Vleju...........................		29
	• Bosque	30
	• Infinito	31
	• Mariposas	32
	• Otro día	33
Norberto Brom (Beto)..................		34
	• A ti poeta	35
	• Abismos	36
	• Dos como una	37
	• Fácil versus Difícil	38
Silvio Daniel Gómez Sanchis..............		39
	• El mañana muere ahora	40
	• Hoy te siento así	41
	• Mi pluma tiene límites	42
	• Mis libros mutan	43

Lazara Nancy Diaz García. 44
- Mujer anónima 45
- Rosa de agua 46
- Desde el pecho 47
- Agosto 48

Luís Gonzalo Machado Sánchez. 49
- Entre misterios y el amor 50
- Incomprendido 51
- Mis Pesares 52
- Caminar 53

Dolores Pereira. 54
- Eternamente vive 55
- Deja que salga la Luna 56
- Las cuatro estaciones 58
- Pasear por el Olimpo 60

Gema Cepeda Grande. 61
- Algún día 62
- Eterna enamorada 63
- Yo soy el motive 64
- Amor eterno 65

Gloria Trejo. 66
- Derecho reservado 67
- Remembranzas 68
- Hechizo 69
- Al final 70

María Martha Britos. 71
- Cautiva 72
- Vuelo a ti 73
- Romance de la Paloma 74
- Ven 75

María del Pilar Parada Filgueira............. 76
- La Sirena que buscabas 77
- Libro vivo 78
- Dulce pecado 79
- El Viento me llama 80

María Dolores Suárez Rodríguez............. 81
- Siempre amanece 82
- ¡Amor! 83
- ¡Papa! 84
- Y subo hacia tí… 85

Eugenia Ventrici........................ 86
- Bosques de cemento 87
- Inaprensible 89
- Han de despertar 91
- Solar encuentro 92

Fabian Irusta........................... 93
- Albor de Luna 94
- Conectividad 95
- Alma adentro 96
- Historiografía 97

José Antonio Sifuentes..................... 98
- ¿Que soy, sino estás aquí? 99
- Estoy en ascuas, por donde empiezo 100
- Cuando no puedo tenerte 101
- Ausencia 102

Rafaela Mila Iborra (Felita)................. 103
- Ojos color de esmeraldas 104
- Danza la Luna 105
- Ovillo 106
- Llueven Tristezas 107

Ingrid Zetterberg. 108
- Te pienso 109
- El día que partiste 111
- El gozo de escribir 112
- Poema a Javier Herand 113

María Ines Martínez. 114
- Amarte a ti 115
- Triste soledad 116
- Lejanía y amor 117
- Mi amor porque será 118

Marcela Noemí Gallardo. 119
- Suplica 120
- Pensaba que sin ti 121
- Romanticismo 122
- La noche 124

Francisca Medina viuda de Zapata. 126
- Quiero un mundo mayor 127
- Mujer creación divina 129
- El Cóndor de mis Andes 131
- Los poetas 133
- Acaríciame el Alma 135

Sofí Piris Herdugo. 136
- Abrázame, abrázame una vez más 137
- Apasionadamente tuya 138
- Homenaje al poeta Cubano José Ángel Buesa 139
- Homenaje a Federico García Lorca 140

Julieta Corpus. 141
- Petición 142
- Pájaros de la noche 143
- Ritmo Lunar 144
- Para Jorge y sus 45 145

Samuel Echevarría Christie.................. 146
- Lluvia poética 147
- Dolor que se va 148
- La misma Alma 149

Teresa Ema Suárez......................... 150
- Ámame 151
- Cuanto tiempo espera 152
- Mujer que has Regalado de tu vida los sueños 153
- Que culpa tengo yo 154

José Santiago.............................. 155
- Susurro de piel 156
- Susurro mientras llega 157
- Toda mar 158
- Tonás de guitarra sola 159

Jesús Alvares Pedraza...................... 160
- Aire blanco 161
- Penélope aún me espera 162
- Noche de pianos amarillos 164

Jesús Quintana Aguilarte................... 166
- Para que tú me oigas 167
- ¿Por qué esa canción? 168
- Poniente 169
- Para mis amigos poetas y poetisas 170

Reme Gras................................. 171
- La nada que me contiene 172
- Lo que escribe 173
- Letras y tiempo 174
- Nunca 175

María Rosa Parra (Rosemarie Parra).......... 176
- José Ángel Buesa "Deseo" 178
- Federico García Lorca 179
- Amor encubierto 180

www.ingramcontent.com/pod-product-compliance
Lightning Source LLC
Chambersburg PA
CBHW062217080426
42734CB00010B/1927